U0541443

本书由湖北省社会科学联合会"中国调查"项目资助、武汉研究院文库资助。

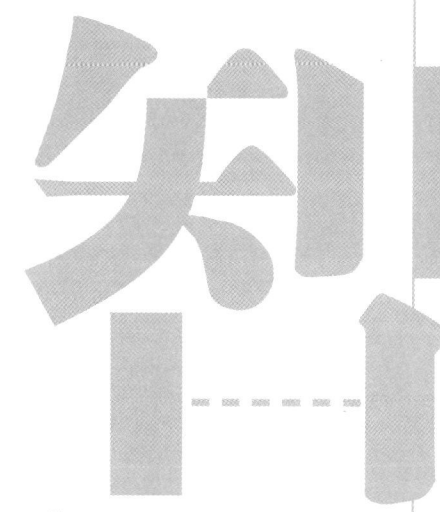

中国特色新型
高校智库发展
现状调查

Survey on the Development of
New Type of University Think
Tank with Chinese Characteristics

汤红娟　著

中国社会科学出版社

图书在版编目（CIP）数据

中国特色新型高校智库发展现状调查／汤红娟著 . —北京：中国社会科学出版社，2021.11（2023.5 重印）
　ISBN 978 – 7 – 5203 – 9126 – 9

　Ⅰ.①中⋯　Ⅱ.①汤⋯　Ⅲ.①高等学校—咨询服务—调查研究—中国　Ⅳ.①G649.2

　中国版本图书馆 CIP 数据核字（2021）第 186682 号

出 版 人	赵剑英	
责任编辑	王　衡	
责任校对	王　森	
责任印制	王　超	

出　　版	中国社会科学出版社	
社　　址	北京鼓楼西大街甲 158 号	
邮　　编	100720	
网　　址	http://www.csspw.cn	
发 行 部	010 – 84083685	
门 市 部	010 – 84029450	
经　　销	新华书店及其他书店	
印　　刷	北京明恒达印务有限公司	
装　　订	廊坊市广阳区广增装订厂	
版　　次	2021 年 11 月第 1 版	
印　　次	2023 年 5 月第 2 次印刷	
开　　本	710×1000　1/16	
印　　张	17.75	
字　　数	231 千字	
定　　价	96.00 元	

凡购买中国社会科学出版社图书，如有质量问题请与本社营销中心联系调换
电话：010 – 84083683
版权所有　侵权必究

《武汉研究院文库》编委会

主　任：杨卫东
副主任：涂文学　李卫东
委　员：(按姓氏笔画排列)
　　　　孔晓东　邓正兵　付永祥　庄桂成　邹德清
　　　　陈　韦　陈　磊　陈青云　董玉梅　舒细记

《武汉研究院文库》编辑部

主　任：邓正兵
成　员：(按姓氏笔画排列)
　　　　王　鹏　王肇磊　邓宣凯　付寿康　汤　蕾
　　　　余利丰　张云霞　徐艳飞　高　路

总　序

两年前，我们提出了创建文库的设想。文库的书名我曾一度为之纠结，原拟名为《武汉研究文库》，虽然言简意赅，却给人非常学究、过于阳春白雪的感觉，而且未能概括建设文库的全部创意。文库中或许有一些文字以记录为主，或许有的文字只是今天或明天的史料而不是研究文章。我们希望更多的学者和武汉学的爱好者来关心武汉，研究和收集武汉昨天和今天的辉煌、光荣、艰辛、奋斗与梦想。经同人们再三斟酌，定名为《武汉研究院文库》。名副其实者有三：其一，文库出版的书籍之主体是由武汉研究院发布立项的各类课题的研究成果；其二，文库所出版的书籍皆为武汉研究院资助；其三，文库的所有文稿均由两级编委会审定通过。

武汉研究院既是高校服务社会的产物，也是协同创新的产物。研究院以"武汉"名之，体现了其立足武汉、研究武汉、为武汉发展服务的初心与宗旨。它以学术影响力、决策影响力、公众影响力和自身成长力为目标，定位于理论性、国际化的学术中心，开放式、独立性的高端智库，以对策性、应用性为特色的评价咨询平台。

武汉研究院围绕武汉经济、社会、文化、历史、生态文明、城市建设等领域，主要从五大方面开展工作。一是设计发布武汉研究院开放性课题，吸引更多高水平的校内外专家承接课题，组织和动员专家研究武汉。二是举办武汉研究院论坛，以武汉发展为主题，邀请国内外知名专家和政府相关部门来校开展学术讨论与专题讲座。三是刊印《专家观点》，编辑整理专家对武汉经济社会发展的观点、思考和建议，以内参形式送市领导及相关职能部门，为武汉市的决策提供服务。四是与武汉企业联合会、武汉企业家协会携手合作出版武汉企业发展报告（企业发展蓝皮书），采用多视角的方法分类研究武汉企业，为政府部门和企业提供参考。这些工作，武汉研究院在前两年便已逐步展开，唯有第五项工作还在探索，这就是策划出版《武汉研究院文库》（以下简称《文库》）。《文库》以武汉城市建设与发展为研究对象，包含《武汉经济建设丛书》《武汉社会发展丛书》《武汉城市建设丛书》《武汉生态文明建设丛书》《武汉文化发展丛书》《武汉城市历史丛书》，力图成为一个全面宣传武汉的窗口和集中、系统、全面展示武汉研究优秀成果的学术平台。

为此，我们希望将"开放性、影响力、创新性、规范性"作为《文库》的基本追求。

开放性。首先是对校内外作者的开放，凡研究武汉、推介武汉的海内外优秀著作均予以资助出版；其次是成果形式的开放性，专著、研究报告、论文集、图册、资料汇编等多种形式均可收录；最后是时间上的开放性，《文库》不设截止期，书稿成熟一本出版一本。

影响力。《文库》要求具有较高的学术影响力和社会影响力。学术影响力不仅表现为有较高的研究水平，而且独特的见解能得到学术界认可和传播。社会影响力包括决策影响力和公众影响力，表现为研究成果能在促进社会经济与文化发展、提供政策与决策参考等层面产生广泛影响。

创新性。这是对学术研究最基本、最核心的要求。凡入选的学术研究成果都应在"新"字上做文章，或有新材料，或有新视角，或有新方法，或有新结论。

规范性。《文库》作者须秉承严谨治学、实事求是的学风，恪守学术规范。我们尊重知识产权，坚决抵制各种学术不端行为，自觉维护哲学社会科学工作者的良好形象。

经过两年多的准备，《文库》的第一批书籍终于面世了。这首先应归功于周建民兄的辛勤操劳与协调组织。他从《文库》的整体设计、编委会的组织建设到作者的联络、书稿的审定都付出了大量心血。其次应感谢武汉出版社的领导和编辑，从《文库》还处在设想的萌芽状态时，他们便开始积极地跟踪服务，克服了许多困难，努力打造出版的高质量。当然还应感谢武汉研究院办公室的沈少兰、汤蕾等同志和设计学院魏坤老师，正是他们默默无闻、任劳任怨地工作才保证了《文库》的顺利出版。

《文库》第一批著作的出版既具有开创性也必然存在不完美性，我们衷心希望《文库》能得到更多人士、更多部门和机构的关心、指导和支持，我们将不断地改进《文库》的入选机制和编撰工作。

《文库》的价值重在品质，我们追求严谨科学，精益求精，不唯书、不唯上、只唯实、只求是的精神，努力使更多的成果能在时间的长河中经得起风浪的洗涤与冲刷，历久弥新。

《文库》不可能一蹴而就，它需要积淀。不仅需要武汉研究院的持之以恒，而且需要一大批关心武汉、热爱武汉的志士仁人、专家学者的不懈努力。

我对《文库》充满着期待，我对《文库》充满着希望！

2017. 11. 16

前　言

2013年，习近平总书记就"中国特色新型智库"首次做出重要批示，至今已有8年，本人从一个学者和智库从业者的角度看，过去的8年，中国特色新型智库建设取得了较大的成绩，无论从智库的数量、质量、举办的各种活动、发布的相关研究报告，还是从中国智库参与国际议程设置、争取国际话语权、提升在国际舆论界的感召力等方面，中国智库的整体水平都上了一个新台阶。

因此，全面梳理、总结中国特色新型高校智库的发展现状具有重要的理论和现实意义。为了完成湖北省社科联"中国调查"项目"中国特色新型高校智库发展现状调查"（ZGDC201524），课题组在收集了大量相关文献资料的基础之上，根据智库影响力评价指标，精心设计调查问卷，采用抽样调查方式，首先从湖北的几所重点高校智库开始调研、与智库专家进行深度访谈，汇总调查问卷结果，经分析研究后发现了一些问题。2017年3月，课题负责人重新设计了调查问卷，然后赴北京、上海、天津等地的重点高校智库开展实地调查。历时两年多，共采集问卷30份，对相关数据进行处理和分析之后，撰写1份综合调查报告、14份高校智库调研报告，书后附录近年来国家颁布的与智库相关的政策文件以及课题主要参考文献，从而构成《中国特色新型高校智库发展现状调查》一书的主要内容。

目　录

序　章 ……………………………………………………（1）

第一章　中国特色新型高校智库发展现状
　　　　综合调查报告 ………………………………（19）

第二章　敢于改革创新、勇于领先
　　　　——中国人民大学重阳金融研究院 ……………（38）

第三章　激流勇进、不断探索高校智库建设新路径
　　　　——复旦发展研究院 …………………………（54）

第四章　顶天立地、理论务农
　　　　——华中师范大学中国农村研究院 ……………（73）

第五章　中国言说世界的新话语
　　　　——浙江师范大学非洲研究院 …………………（102）

第六章　立足学术特色、服务决策
　　　　——武汉大学国家文化发展研究院 ……………（122）

第七章　允公允能、日新月异
　　　　——南开大学经济与社会发展研究院……………（134）

第八章　武汉大学党外知识分子统战工作
　　　　研究基地………………………………………（147）

第九章　瞄准学科前沿，创新基础理论
　　　　——武汉大学媒体发展研究中心………………（161）

第十章　博达、求索、创新、奉献
　　　　——武汉大学社会保障研究中心………………（175）

第十一章　聚焦重大问题，服务国家战略
　　　　　——华中科技大学国家治理研究院……………（187）

第十二章　弘扬荆楚文明、为地方发展出谋划策
　　　　　——三峡大学三峡文化与经济社会
　　　　　　　发展研究中心………………………………（197）

第十三章　武汉大学俄罗斯乌克兰研究中心……………（212）

第十四章　以社会需求为导向，大力提高科学研究水平
　　　　　——湖北大学旅游开发与管理研究
　　　　　　　中心……………………………………………（223）

第十五章　贴近武汉、研究武汉、服务武汉
　　　　　——江汉大学武汉研究院…………………………（230）

附录 近年来国家颁布的关于智库的政策文件…………（236）

参考文献………………………………………………（266）

后　记………………………………………………（269）

序　章

伴随现代科技的快速发展，人类生产、生活、工作和思维方式发生了根本性的变革。智库作为现代政治的产物，早已是人们耳熟能详的词汇。智库产生于特定的社会环境和人类对特定知识思想的需求。其发展过程经历了从蒙昧的史前时期到高度文明的当代社会。

"一般来说，英国被认为是智库的发祥地。1831年成立于伦敦的国防与安全研究机构以及1884年成立的费边社是较早的智库代表。"[①] 而另外一种说法，智库的概念是由美国最先提出来的。1832年，美国财政部和费城富兰克林研究所签订了委托研究合同，其被称为现代智库诞生的标志。

智库是一个偏正结构的组合词汇，主要强调的是"智"，智的造字本义是"谈论战争的谋略"，表示谈兵论战。古人称精通行军作战为"智"，所以智是谋略，是国家的征伐大事。而谋略的参与者与讨论者的主体——智者，就是"智"的本体。许慎的《说文解字》里是这样解释"库"字的：兵车藏也，从车在广下。"库"乃是收放兵车的地方。因此，从"智库"二字的原本意思可以看出，"智库"自古就是国家举兵打仗、谋略策划的地方。智库指

[①] 魏一鸣等：《气候变化智库：国外典型案例》，北京理工大学出版社2016年版，第3页。

"汇聚高级人才、能为政府机构、企业等提供咨询服务的组织或团体"①。综合来说，智库体现出来的是人、策略和场所的结合体。

现代智库发源于西方，智库亦称"思想库"（Think Tank），又称智囊团、脑库、点子公司，是指由各领域专家组成的，为决策者出谋划策的公共研究机构，被称为政府的"第四部门"或"第五权力"。在大多数欧美国家，智库一般指的是将跨学科的人才集合起来，为政府、社会机构和企业等提供智力支持，影响公共政策，地位独立的具有一定社会及国际影响力的研究机构。

关于智库的概念，一般认为智库是收集、分析和创造知识的组织，其面对的人群通常是政府人员，有时候也会是媒体、利益集团、公众或公司等。美国兰德公司创始人弗兰克·科尔博莫对智库下的定义是："智库就是一个'思想工厂'，一个没有学生的大学，一个有着明确目标和坚定追求，却同时无拘无束、异想天开的'头脑风暴中心'，一个敢于超越一切现有智慧、敢于挑战和蔑视现有权威的'战略思想中心'。"② 美国宾夕法尼亚大学的詹姆斯·G.麦甘（James G. McGann）教授在《全球智库发展报告》中提出了一个宽泛的智库定义，他认为，智库或者公共政策的研究、分析，以及参与机构是一些这样的组织，它们进行政策导向的研究、分析，对国内和国际事务做出建议，从而使得政策制定者和公众能够对公共政策事务做出有信息支持的决定。这些智库可能附属于政党、政府、利益集团或者私人公司，或者是独立的非政府组织。上海社会科学研究院智库研究中心发布的《2013年中国智库报告》将智库定义为以公共政策为研究对象，以影响政府决策为研究目标，以公共利益为研究导向，以社会责任为研究准则的专业研究

---

① 中国社科院语言研究所词典编辑室：《现代汉语词典》（第5版），商务印书馆2005年版，第1759页。

② 陶华坤：《智库：以学术智慧引领社会舆论》，《浙江教育科学》2014年第5期。

机构。

国内智库研究学者对于智库的界定各有不同，定义的侧重点存在着较大差异。如薛澜和朱旭峰认为，智库（思想库）是一种相对稳定、独立运作的政策研究和决策咨询机构。[①] 王莉丽认为，智库是以从事公共政策研究为目的，力图通过各种社会渠道和方式来影响社会政策制定和社会舆论的组织机构。[②]

由于世界各国有着不同的政治经济社会环境，所以智库在各个国家的发展状况与承担的功能、扮演的角色都有较大差异。智库以其客观性、独立性、非营利性而参与社会公众事务和政府决策的研究，其在发展过程中形成了几个主要特点，即政治属性、国家属性、人民属性。

互联网等通信技术的高速发展，让人们之间的交流变得更加便利，没有场所和地域距离的限制，也逐渐淡化了人与人之间的空间感，所以现代智库更强调智库的研究者和智库研究的方针和策略，以及提供咨询策略的独立性和立场的中立。

各个国家的智库发展水平不一，政治、文化背景不同。中国的智库与西方智库有着较大区别，因此在定义智库概念的时候要进行综合考量，做到全面准确、不可失之片面、狭隘。本书将智库界定为："以政策研究为核心、以直接或间接服务政府为目的、以影响国家政府决策和民众思想为价值判断标准的公共研究和咨询机构。"

并非所有的学术研究机构都能够被社会认可为智库，只有那些对政府公共政策和社会公共生活产生影响的专业研究机构才可称为智库。智库的主要职能是"根据政府机构或企业的委托，进行现状分析、未来预测和技术研发等，并提供与政府决策和经营战略有关

[①] 薛澜、朱旭峰：《"中国思想库"：涵义、分类与研究展望》，《科学学研究》2006年第3期。

[②] 王莉丽：《旋转门：美国思想库研究》，国家行政学院出版社2011年版，第26页。

的政策和信息"。

彼得森国际经济研究所所长亚当·波森（美）曾经说过，在智库建设与管理的过程之中，智库如何发展、如何实现现代化是非常重要的问题。[①] 智库的现代化需要三大支撑，其中研究人员、研究标准和方法是智库事业建设的核心；客观和公正是智库研究的基石；沟通与传播则能够帮助智库锻造国际影响力。

智库发展时间不算长，但是发展速度却很快。20世纪70年代以来，世界各国的智库如雨后春笋一般快速发展。据《全球智库报告2017》报道，全球拥有智库7815家，其中美国拥有1872家，数量最多；中国拥有512家智库，排第二位。高校智库占智库总量的三成，在最佳高校智库90强排行榜中，美国占25家高校智库，而中国仅有6家。在综合影响力前100位的智库中，中国智库只有中国社会科学院、中国国际问题研究院、中国现代国际关系研究院、北京大学国际战略研究院、国务院发展研究中心、全球化智库、上海国际问题研究院7家，其中的高校智库仅有北京大学国际战略研究院上榜。《全球智库报告2016》资料显示，北美洲智库数量最多，拥有1931家；欧洲其次，拥有1770家；亚洲第三，拥有1262家，其中中国有435家。《全球智库报告2016》共列出52个分项表单，其中中国智库上榜的数量为41个，与2015年相比增加了13个，反映出中国智库呈现出良性的发展态势。2016年全球智库综合排名榜单175强中，中国智库有9家入选，中国人民大学重阳金融研究院排位第149名。在最佳高校智库90强榜单中，中国智库有6个，有3个入选前20名，分别为北京大学国际战略研究院（第11名）、卡内基—清华全球政策中心（第14名），以及清华—布鲁金斯公共政策研究中心（第16名）。比较来说，目前中国的智库总量

---

① 《中外智库权威学者谈高端智库建设》，中国智库，https://www.sohu.com/a/1474/0250_256721。

较多，中国特色新型智库建设呈现蓬勃发展态势，但是，能够在国际上产生较大影响力的一流高校智库数量却远远不足。

一　西方智库

美国是老牌智库强国，共有6家入选2016年全球十大智库。美国智库可分为体制内和体制外两种，有很多极具影响力的大学智库。如斯坦福大学胡佛研究所、哈佛大学费正清东亚研究中心和肯尼迪学院的贝尔弗科学与国际事务中心、普林斯顿大学的公共事务与国际研究院等。这些高校智库多年来在美国的各项政策的研究和制定上，以及美国对国际问题的政策与态度上都发挥了很重要的作用，可以说相当于"影子政府"。英国也有很多智库，成立于1884年的费边社是其最著名的思想库之一。20世纪80年代是英国智库发展最快的时期。英国有影响的智库多依附于政党或政府部门，主要分为三大类：中左派、中右派、非党派。德国也是世界上最早建立智库的国家之一，成立于1914年的基尔世界经济研究所和成立于1925年的德国经济研究所及艾伯基金会，是世界上有历史最长、非常有名的智库。苏联于20世纪中期抽调全国最优秀的人才组建了中央政策研究机构，即实力雄厚的社会科学院、社会科学研究所、马列主义研究所。苏联解体之后，部分智库经改造后保存下来。如原社会科学院自1994年成为总统直属国务学院，马列主义研究所改为俄罗斯独立社会与民族问题研究所。如今的俄罗斯智库具有多层次、多领域、多元化的分析研究机构体系。法国智库起步较晚，其发展深受美国的影响。1963年成立了"法国二战研究所"；次年，效仿美国兰德公司模式成立"前景与评估中心"。日本的智库兴起于20世纪60年代，发展于80年代，于80年代后期分化整合。目前，日本有103家有影响力的智库，活跃在日本政治、经济、文化等领域。

表1　　　　　　　　全球部分知名智库及成立年份

国家	智库名称	成立年份
美国	布鲁金斯学会	1916
美国	卡内基国际和平基金会	1910
美国	战略和国际研究中心	1962
美国	外交关系协会	1921
美国	卡托研究所	1977
美国	兰德公司	1948
瑞典	斯德哥尔摩国际和平研究所	1966
比利时	布鲁盖尔研究所	2005
英国	皇家国际事务研究所	1920
德国	透明国际	1993
波兰	社会和经济研究中心	1991
中国	中国社会科学院	1977
韩国	韩国发展研究所	1971
日本	日本国际问题研究所	1959

二　中国智库

（一）中国智库的源起

中国学术界对于中国古代智库的研究非常深入细致。智囊比喻足智多谋的人。《史记·樗里子甘茂列传》："'樗里子滑稽多智'，秦人号曰'智囊'。"① 这应算是中国智库的萌芽。中国古代智库或智囊，有着悠久的历史，如谋士、养士、策士、门客、幕僚等不同称呼，以不同形式出现在各个历史阶段。国内学术界、文学界对于中国古代智库的研究非常深入。例如，早年流行的《民国政治漩涡

---

① 《辞海》编辑委员会：《辞海》，上海辞书出版社1997年版，第1498页。

中的幕僚》，以及网络文章《数风流人物，看古代智库》等。在中国的历史长河之中，一些著名的"智库"型人物如伊尹、姜太公、管仲等，都是家喻户晓的名臣谋士。

(二) 现代中国智库

中国现代智库发端于1978年的改革开放，至今已有40多年。纵观中国智库发展历程，有两次"活跃期"。第一次是在20世纪80年代，第二次是在20世纪90年代中期。

1977年5月7日中国社会科学院成立，其被观察家们视为中国智库体系初步建立的标志性事件。2003年，国家发改委将"十一五"规划前期研究成果面向社会公开招标，此做法一度引发了各地纷纷效仿。中国不同类型智库从其法律地位可分为三种：官方智库、半官方智库和民间智库。民间智库中，大学下属的智库发展非常迅速。1993年和1998年国务院和教育部分别启动创建世界一流大学的"211工程"和"985工程"，国内重点建设大学成立了很多政策研究和咨询机构，从省外吸纳了很多人才，通过政策研究、向政府汇报研究成果、公开发表论著等方式，推动其在国家、社会层面发挥作用。

上海社会科学院智库研究中心成立于2009年，是全国第一个专门开展智库研究的学术机构。该中心成员自2011年开始作为专家被邀请参与麦甘主持的《全球智库报告》的评选工作。中心从2014年起每年定期出版《中国智库报告》。中国教育部办有简报《高校智库专刊》。从2014年12月25日起，《光明日报》专门设立《智库》版，发表了众多在业界极具影响力的理论文章与深度报道，较好地发挥了媒体智库的功能。2014年9月，国务院发展研究中心主办"中国智库网"，该中心信息中心编辑出版《国外智库观察》《国务院发展研究中心调查研究报告》等9种出版物。

中国台湾智库起源于美苏冷战大环境下国民党的总体政治战略。在美国宾夕法尼亚大学发布的《2012年全球智库排名》中，中国台湾位列第23，上榜智库高达52个，从中可见中国台湾智库在国际智库市场中具有较强的竞争力。

中国香港的智库建设得到了有效的制度保障。香港教育行政部门有着主动咨询的传统，同时，其教育政策文本的形成需要经历一整套明确的程序。20世纪80年代以来，香港逐渐形成了完备的半官方教育智库体系，在政策制定中发挥着重要作用。香港的半官方教育智库兼具"专家智慧集合体"与"利益诉求集合体"的属性。

三　智库的分类

现代智库的分类标准很多，学者们试图从不同的角度对智库进行分类。按照智库的行政归属，可以把智库分成官方智库、高校智库、民间智库三大类。按照研究工作则可划分为政策研究类、基础研究类和应用研究类。

美国宾夕法尼亚大学发布的《全球智库报告》将智库分为七类：自治独立智库、半独立智库、政府智库、半政府智库、高校智库、政党智库以及公司智库。即使国内外智库类型划分不同，其中高校智库都是重要的一部分，正是高校智库具备了许多优势，成为其目前稳步发展的重要原因。

上海社会科学院智库研究中心出版的《2013年中国智库报告》，将中国智库分为党政军智库、社会科学院智库、高校智库、民间智库等几种类型。这样的分类方式，也便于我们对高校智库作为一个大类进行归纳、了解和深入研究。

智库的种类较多，划分方法各异，如表2所示。

表2　　　　　　　　　　　　智库的划分

序号	从智库的隶属关系	从智库的起源	从智库的性质	从智库的职能	从智库的研究领域	从智库的规模
1	国际型智库	大富豪出资的智库	营利性智库	学术型智库	综合型智库	大
2	政府官方智库	政府组织资助的智库	非营利性智库	政府合同型智库	专业型智库	中
3	政府半官方智库	社会中"志同道合"者集资组合的智库	—	政策鼓吹型智库	—	小
4	民间智库	离任政要或纪念某政治人物而设立的智库	—	—	—	—
5	大学依附型智库	—	—	—	—	—
6	党派倾向型智库	—	—	—	—	—

本课题调研初始，课题组曾经与湖北省宜昌市的博弈电脑公司一起开展合作调研，在宜昌星火路电脑城和三峡大学分别做过两次小型随机问卷调查，问卷内容主要围绕着传统智库和现代智库的区别，以及人们对现代智库的认知与了解程度两个方面展开。

问卷调查结果显示，普通人对大学智库的了解、认可不到30%；而在三峡大学的问卷调查中，高校智库的认知率上升到50%左右。但对官方智库的认知率，尤其是对各级政府的政策研究室、社科院这类智库，认知率高达70%。关于民间智库，大家对国外的民间知名智库有着较为深度的了解，如美国兰德公司等著名智库选取率高达60%以上，对国内的民间智库的了解和认知则不到50%，而且时常会与官方智库相混淆。

对于智库的基本概念、现代智库和传统智库的区别，不论是在电脑城和三峡大学的问卷中，都存在认知不够。相当一部分的人们把传统的智者、谋士、智囊团和现代智库混为一谈，可见现代智库的发展，虽然已广为人知，但其功能和特色并不鲜明，也并未让公众有更为深入的了解；另外，这和中国传统智库发展的悠久历史和完备也有一定关系。所以，在新型智库建设的路途上，还要尽量避免传统智库存在的某些弊端。

这次调查结果显示，国内智库发展和被公众认知情况可以归纳为以下五点：一是国内智库的发展，除了官方智库，其他类型的智库都相对比较弱势；二是国内的智库（除了官方智库）和国外的智库相比，知名度和影响力都相对较小；三是高校智库的学术研究性在国内有较高的认可度；四是国内民间智库发展比较滞后，定位比较模糊，其实很多带有官方背景；五是智库的形象公关推广和宣传工作对智库的建设很重要。在民间智库的调查中，虽然很多民间智库不被调查者认知与了解，但"胡润研究院"却如一匹黑马，为众多调查者所知晓。

通过这次小型问卷调查，课题组得到了一些粗略的结论和推断，为后续开展全国高校智库的调研，做了有益的尝试和准备工作。

四　高校智库

高校智库建设作为中国特色新型智库建设的重要组成部分，相对于其他组织而言，具有比较优势。首先，与政府下设的研究院所相比，高校具有相对独立性，能够在一定程度上确保高校智库政策研究的客观性和科学性。其次，科研能力较强，学术氛围浓厚，具有人才和学科门类众多、高层次人才密集、图书馆收藏资料丰富的优势。最后，在世界经济和科技变革剧烈、纷繁复杂的大环境下，高校智库在综合性研究、交叉学科研究方面具有较为突出的优势。

2014年教育部印发的《中国特色新型高校智库建设推进计划》，旨在："以2011协同创新中心和人文社会科学重点研究基地建设为抓手，重点打造一批国家级智库。"培养高校智库队伍，打造高校智库品牌，带动高校社会服务能力整体提升。《关于加强中国特色新型智库建设的意见》中明确提出要求建设50—100个国家急需特色鲜明的专业化高端智库，为高校智库的建设发展提供了新机遇，同时也提出了新要求，而高校智库也由此凸显其重要性。

"高水平的智库是高等教育质量的显著标志。"[1] 2013年3月，上海市教委启动第一批上海高校智库建设工作。2014年4月22日，天津市高校智库启动，首次"高校智库论坛"在天津召开。2014年12月6—7日，在上海复旦大学召开了2014首届"中国大学智库论坛"年会。至2014年年底，天津、安徽、云南、湖北等地启动了新型高校智库建设计划。2015年7月，浙江工业大学成立"全球智库研究中心"，它是全国高校首家研究"智库"的智库机构，该中心集"研究、评估、咨询"三大职能于一体。

高校智库建设，必须依托现有的学科知识，但是现有学科知识的堆积不能简单等同于智库。因此，高校智库建设，一是要有面向实际需求的问题领域；二是有以问题为导向的知识运用和知识创新；三是拥有知识运用和知识创新才能为其他主体（如企业、政府及其他管理者等）提供有价值的备选方案和研究对策。

---

[1] 李文君：《发挥高校优势，打造新型智库》，《教育与职业》2014年第13期。

（一）高校智库的含义

高校作为中国哲学社会科学事业的主要力量，肩负着资政育人、服务社会、引领文化发展的重任，更是建设中国特色新型智库的主力军。高校有着得天独厚的研究能力，在学科门类、人才培养方面具有较大优势，其在政策建议、引导舆论、战略研究和文化交流等方面理应走在前列，发挥更大的作用。

有人认为，高校智库就是高校科研职能的拓展，一切参与决策咨询的机构都被当作高校智库；也有人认为，根本就不存在"独立的"高校智库，以至于很多的智库评价体系中将"高校"作为一个智库个体而存在；还有人认为，只要不是独立建设的法人实体，都不是智库。

高校智库（大学依附型智库），是指设立在高校内部的从事政治、经济、外交等多学科研究的非营利性组织和机构。通常由高校独资或者由其他团体、机构资助创建，具有学科领先、理论性、学术性较强等特点。

智库不同于普通高校、研究所和私人机构，是一个特定的组织，还是一个功能性机构。高校智库是指附设于高校内部的研究机构，其拥有一定的组织形式，可以从组织的视角进行诠释。任何一个组织都会承担一定的功能，以实现特定的目标。与企业组织以营利为中心目标不同，高校智库是以服务社会和国家发展为导向。高校智库要素主要包括"人员要素、目标要素、条件要素、技术要素与客户要素"等。[①] 其一是人员要素，高校智库的人员主要是高校的教授，也有少量外聘的研究人员。其二是目标要素，高校智库建设的目标，主要是服务于国家发展。其三是条件要素，高校智库应充分利用和整合所在学校的学科优势、人才

[①] 全守杰、王运来：《高校智库的涵义与特征》，《现代教育管理》2016年第1期。

优势。其四是技术要素，高校智库应采取跨学科、协同创新等方式进行基础理论研究和应用对策研究。其五是对象要素，高校智库的主要服务对象是政府部门和企事业单位。所以，高校智库的含义，是指依托于高校的特色学科建设，聚集校内外知名学者，以服务国家发展为导向，融合基础研究和应用研究，通过对社会重大现实问题进行跨学科、协同性、综合性的研究，为政府和社会提供智力产品，培育智库人才，集机构建设、团队打造、项目管理与平台发布于一体的综合系统。

根据高校在经济和社会发展中的地位和作用，可以概括地说，高校智库是由若干具备一定的学科知识背景，具有较强知识运用和知识创造的人才、学科知识和解决方案三个系统构成的复合系统（见图1）。

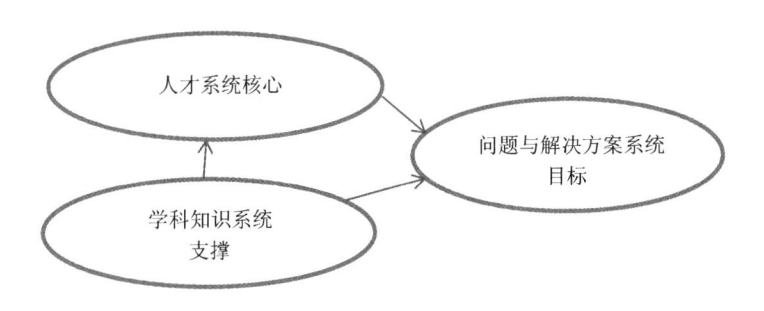

图1 高校智库系统构成

以上三个系统的良好互动，能够创造性地为国家、地方政府及企业提供问题的解决方案。

(二) 国外高校智库

国外高校智库一般附属于某个研究型大学，以"研究中心""研究院"或"研究所"命名，例如，美国哈佛大学的国际发展中心和英国的苏塞克斯大学发展研究院等。国外高校智库大多拥有独立的运营管理体制、主要研究经费来源等，因此，智库在依托高校平台基础上提高了自身的独立性与自主性。美国约75%的智库附属于高校，澳大利亚则有一多半的智库设立于高校内部。

现有国外智库大体可以分为四类：一是基础研究与重大战略研究并重；二是侧重于传统全球问题研究、区域研究与国别研究，强调战略和政策导向下的国际研究与人才培养；三是专门的区域问题研究和人才培养的国际研究机构；四是纯粹意义上的智库（包括英美式研究咨询机构和大陆式科学院系统下的各类研究机构）。此分类是基于相对不同的功能设置的基本划分，以及对于若干做法的强调与说明。

（三）中国高校智库

中国高校在完成教书育人、文化传承职能的同时，也负有"服务社会"的职能。高校大多会有部分专家、教授应聘成为各级政府部门的决策咨询顾问，也有一些应聘成为企业的技术顾问，直接参与政府和企业的发展规划和决策，这种参与决策的行为在当时属于个体智囊形式的咨询服务。新中国成立后，20世纪60年代中期开始团体性的智库建设。1964年，中国政府在全国高校设立了一批以外国地区和国家为研究对象的实体性研究机构，主要为国家外交政策提供决策咨询。包括设立在中国人民大学的苏联东欧研究室、北京大学的亚非研究所、吉林大学的日本研究所与朝鲜研究所、厦门大学的南洋研究所等。这些研究所由国家外事部门和高校共建共管，独立于教学院系，是专门的外交政策研究机构，可以说是中国高校智库的雏形。

中国高校智库也可以像国外一流高校智库那样："出思想、出理论、出战略、出政策，成为'中国声音'和'中国形象'的传播者、塑造者。"① 随着中国对高校智库越来越重视，高校智库在智库体系中的地位和影响力将不断上升和扩大。

1. 高校智库的数量

在国家政策大力支持环境下，中国高校纷纷响应，形成了一股"智库热"，全国各地高校智库数量众多，因为是非营利性智库，政府对其实施免征税收等优惠政策，不必接受行政部门管理，不在国家行政管理部门进行登记，所以很难统计其准确的数量。改革开放以来，中国涌现了一大批高校智库，据不完全统计，各高校经过中国教育部注册的科研机构有300多个，通过其他方式注册的研究机构数量更多，在这些高校研究机构当中，约有三成是高校智库。此外，也有人估计中国的高校智库大约有七八百家，主要集中在高水平的研究型大学之中。还有人统计目前中国拥有一定活跃度、贡献度的高校智库类型机构有2000多家，但是这些高校智库机构是否都是真正意义上的中国特色新型高校智库，是否具备新型智库的功能和性质，政府及有关部门尚未出台相关的评判标准。

《中国智库名录（2015）》将中国高校智库分为三种：一是985高校所属智库，有275家；二是211高校所属智库，有161家；三是其他高校智库，有8家，共计收录高校智库444家。②《CTTI智库报告（2017）》收录中国高校智库348家。③

2015年"中国网""智库名录"栏目对全国"高校智库"进行排名，有150家高校智库上榜，其中，湖北省有12家上榜，分别为：武汉大学（发展研究院、中国中部发展研究院、社会保障研究中心、中国边界与海洋研究院）、华中科技大学（国家治理研究

---

① 顾岩峰：《我国高校智库建设路径探析》，《河北大学学报》（哲学社会科学版）2014年第6期。

② 谢曙光、蔡继辉：《中国智库名录（2015）》，社会科学文献出版社2015年版，第159—307页。

③ 李刚等主编：《CTTI智库报告（2017）》，南京大学出版社2017年版，第259页。

院、现代经济学研究中心)、华中师范大学中国农村研究院、中国地质大学资源环境经济研究中心、湖北大学旅游开发与管理研究中心、武汉科技大学(金融证券研究所、湖北省中小企业研究中心)、三峡大学三峡文化与经济社会发展研究。令人意外的是武汉大学国际法研究所不在该名录中。

2015年12月,武汉大学国际法研究所入选首批国家高端智库(全国仅有25家)。在《全球智库报告2015》之中,湖北的高校智库"武汉大学国际法研究所"进入中国顶级智库榜,排名第33位。"中国顶级智库排名"(其中高校智库占20%)如表3所示。

表3　　中国顶级智库排名

排名	智库名称	排名	智库名称
1	中国现代国际关系研究院	16	思汇政策研究所(香港)
2	中国国际问题研究院	17	中国环境科学研究院
3	上海国际问题研究院	18	环境保护部环境规划院
4	中国社会科学院	19	中国金融40人论坛
5	国务院发展研究中心	20	察哈尔学会
6	清华大学卡耐基中国中心	21	中国(海南)改革与发展研究院
7	中国与全球化智库(CCG)	22	中央党校
8	清华大学布鲁金斯中心	23	清华大学中国研究中心
9	九鼎公共事务研究所	24	复旦大学中国发展模式研究中心
10	天则经济研究所	25	国家发改委宏观经济研究院
11	北京大学国际战略研究院	26	香港政策研究所(香港)
12	财团法人国策研究院(台湾)	27	香港经济研究中心(香港)
13	中国国际经济交流中心	28	中国社会科学院亚洲太平洋研究所
14	上海社会科学院	29	国防大学战略研究所
15	中国人民大学重阳金融研究院	30	综合开发研究院(中国·深圳)

续表

排名	智库名称	排名	智库名称
31	国务院发展研究中心亚非发展研究所	34	中国社会科学院农村发展研究所
32	新华社新闻研究所	35	中国石油经济技术研究院
33	武汉大学国际法研究所		

2. 高校智库的功能

智库的最基本功能——"出点子"。一家合格的智库，是能够给决策层提供咨询建议，给社会大众起到教育作用，能够发挥指南针或罗盘之作用的研究机构。高校智库是创造思想的地方，"思想"是引领世界、人类、社会、国家发展的驱动力。因此其功能主要是为政府及企事业的决策提供咨询与参考，当然还有着信息咨询功能。

中国人民大学重阳金融研究院执行院长王文在谈到"全球转型与中国智库建设"时说，中国特色新型智库应当发挥"资政、启民、伐谋、孕才"的功能。[①]

高校智库应具有战略研究、政策建言、人才培养、舆论引导和公共外交五大功能。高校智库不仅要建言献策，还要为国家发展提供前瞻性的战略研究成果，及时为党和政府决策提供决策基础的研究。高校最主要的功能之一就是培养人才，发展高水平智库的一个重要功能就在于通过智库为国家培养更有实用价值、更接"地气"的人才。[②]

3. 中国特色新型高校智库

新型智库是国家治理体系和治理能力的重要组成部分，起到"资政启民"的重要作用。当前，中国正处于全面建成小康社会的关键时期，新问题、新事物、新挑战不断，加强高校智库建设既是服务党和政府科学民主决策、破解发展难题的迫切需要，也是回应

---

① 王文：《伐谋：中国智库影响世界之道》，人民出版社2016年版，第27页。
② 胡光宇：《大学智库》，清华大学出版社2015年版，第99页。

人民期待、有效引导社会舆论的迫切需要。习近平总书记在党的十九大报告中论述了智库建设的重要意义，将智库建设上升到国家战略高度。智库已成为国家软实力和话语权的重要标志。

2014年11月，中共中央办公厅、国务院办公厅出台的《关于加强中国特色新型智库建设的意见》中写道："中国特色新型智库是以战略问题和公共政策为主要研究对象、以服务党和政府科学民主依法决策为宗旨的非营利性研究机构。"

中国特色新型智库，"特"在内容，"新"在机制。所谓中国特色是相对于国外智库而言的。中国特色新型智库建设要立足于中国国情，切合中国实际，体现中国风格、中国气派，同时借鉴但绝不照搬欧美等西方国家智库的经验。[1] 所谓新型，主要是相对于国内原有的智库类机构和智库类活动而言的，要突破我国智库发展当前相对滞后的状况，就要从体制和机制上创新。[2]

高质量的智库应该具有将学界、政界等社会资源网罗到一起，形成知识共同体的能力。新型智库领军人物应具有懂学术、会经营、拥有资源、擅长组织管理、广交朋友等能力。仅具备决策咨询功能的机构不代表就是智库，传统的学术科研机构，可以称为中国特色新型智库的某种形态。

中国特色新型智库的"新型"，是相对于"传统"来说，其有四个层面的表述：第一，智库研究成果的基础应是"理论创新"；第二，智库研究的过程，应是学者与专家参与制定政策的过程，是知识创造和权力的结合；第三，智库研究应具有可操作性，应体现决策咨询研究的问题导向与前瞻性；研究成果应能转化为可执行的政策，并且在制度设计上有合理性；第四，智库研究的目的是为了"科学决策"，因此，应该体现知识和政策相结合。

---

[1] 崔树义、杨金卫：《新型智库建设理论与实践》，人民出版社2015年版，第1页。
[2] 崔树义、杨金卫：《新型智库建设理论与实践》，人民出版社2015年版，第2页。

第一章

中国特色新型高校智库发展现状综合调查报告

2013年4月以来，习近平总书记、李克强总理等党和国家领导人关于"加强中国特色新型智库建设"的一系列批示，引起了理论界和实践界广泛的讨论，形成了"中国智库迎来发展春天"的共识。2014年2月，中国教育部发布《中国特色新型高校智库建设推进计划》，第一次明确了高校智库的概念，明确了中国特色新型高校智库建设目标和走向。同时也确定了高校新型智库的任务：战略研究、政策建言、人才培养、舆论引导、公共外交。

伴随着智库的快速发展，全国各地高校纷纷成立面向地方经济社会发展、面向政府决策咨询研究的科研机构（以下简称高校智库）。目前，高校智库已成为我国决策咨询行业一支不可忽视的重要力量。

本书在实地调研的基础上，搜集了大量数据，对中国特色新型高校智库的发展现状进行了调查分析研究，根据智库影响力评价指标，在相关文献研究的基础上，精心设计了调查问卷，在全国开展了较大范围内的调研工作。课题组分别去北京、上海、南京、天津、浙江等地高校智库开展实地调研，通过抽样调查获得30余份问卷，从中选取14份研究报告，较为全面地梳理了高校智库的相关信息，描述了中国高校智库的发展现状，从而揭示了高校智库发展中存在的问题和面临的挑战，并为中国高校智库的建设提出了意见和建议，拟探寻中国特色新型高校智库发展规律，促进中国高校智库的可持续健康发展。

课题组以高校智库为调查对象，全面调查、了解中国特色新型高校智库的发展现状。调研内容涉及高校智库的发展历程与现状及其发展趋势，具体包括机构概况、研究领域、智库的主要功能、组织机构、经费来源、政策影响力、学术影响力、国际影响力、存在的主要问题等方面内容。

调研对象涉及全国 11 所高校，其中大部分为"985 工程""211 工程"重点研究型高校，也有少量普通高校，涉及学科包括政治学、经济学、历史学、新闻学、国际关系、民族学等，其中既有综合性的科研机构，也有区域研究中心；除了高校智库之外，还调研了几位政府智库的负责人。

调研主要采取召开座谈会、网络调查、问卷调查、现场考察、专家访谈等方式进行。研究报告主要信息来源，是通过提取调查问卷统计结果、专家访谈录音资料整理内容、各研究机构的官方网站、微信公众号、年报、新闻、事件、公开出版物等。

一 中国高校智库研究热点态势分析

表1—1　　2012—2017 年"高校智库"的热门被引文献

序号	文献名称	作者	文献来源	发表时间	被引频次
1	《中国智库的基本问题研究》	徐晓虎、陈圻	《学术论坛》	2012 年 11 月 10 日	74
2	《我国高校智库建设相关问题及对策研究》	秦惠民、解水青	《中国高校科技》	2014 年 4 月 15 日	49

续表

序号	文献名称	作者	文献来源	发表时间	被引频次
3	《高校智库服务政府决策的逻辑起点、难点与策略——国家治理能力现代化的视角》	文少保	《中国高教研究》	2015年1月20日	35
4	《美国一流高校智库人员配置与管理模式研究——以斯坦福大学胡佛研究所为例》	陈英霞、刘昊	《比较教育研究》	2014年2月10日	32
5	《我国新型高校智库建设的现状及其提升路径》	邹巍、郭辰	《教育科学》	2014年6月20日	28
6	《正确认识中国高校智库建设中的几个关系》	杜宝贵、隋立民	《高校教育管理》	2014年1月20日	24
7	《协同创新理念下高校新型智库建设研究》	畅静、陈赟畅	《科技进步与对策》	2015年3月2日	23
8	《高校图书馆智库的组织架构及职能定位研究》	张明、张莹、李艳国	《图书馆工作与研究》	2016年4月22日	21
9	《地方高校智库建设的逻辑分析——基于地方政府治理模式创新的探讨》	王莉、吴文清	《清华大学教育研究》	2013年12月10日	20
10	《高校智库建设的国际经验与启示》	杜静元	《管理观察》	2015年2月25日	19

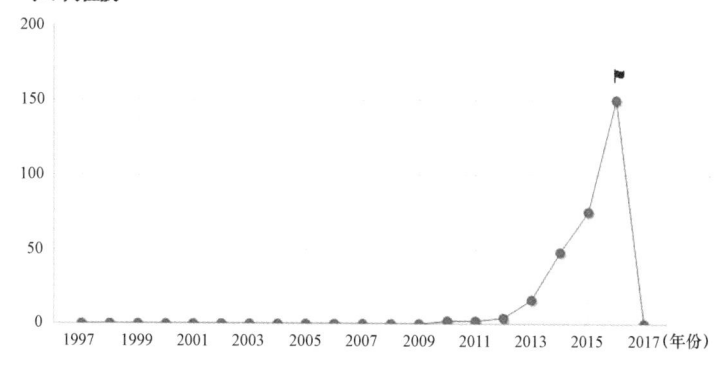

图1—1 "高校智库"学术关注度曲线

表1—2　　　　近年来"高校智库"热门下载文献

序号	文献名称	作者	文献来源	发表时间	被引频次
1	《中国智库的基本问题研究》	徐晓虎、陈圻	《学术论坛》	2012年11月10日	1229
2	《我国高校智库建设相关问题及对策研究》	秦惠民、解水青	《中国高校科技》	2014年4月15日	1207
3	《我国新型高校智库建设的现状及其提升路径》	邹巍、郭辰	《教育科学》	2014年6月20日	1046
4	《高校智库服务政府决策的逻辑起点、难点与策略——国家治理能力现代化的视角》	文少保	《中国高教研究》	2015年1月20日	943
5	《协同创新理念下高校新型智库建设研究》	畅静、陈赟畅	《科技进步与对策》	2015年3月2日	769
6	《我国高校智库协同建设路径探析》	杜宝贵、隋立民、任立云	《现代教育管理》	2014年4月15日	752
7	《我国高校建设中国特色新型智库的政策分析》	薛二勇	《高等教育研究》	2015年12月31日	739
8	《中国特色新型高校智库建设发展路径》	聂立清、李涵	《中国高等教育》	2015年5月3日	722
9	《地方高校智库建设的逻辑分析——基于地方政府治理模式创新的探讨》	王莉、吴文清	《清华大学教育研究》	2013年12月10日	675
10	《中国高校智库发展现状与未来策略思考》	朱宏亮、蒋艳	《高校教育管理》	2016年2月23日	663

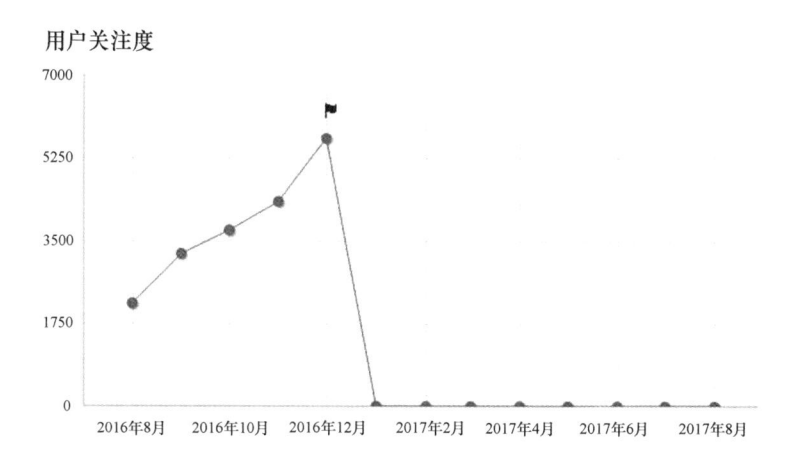

图1—2 "高校智库"用户关注度曲线

注：🚩表示标识点数值高于前后两点，且与前一数值点相比增长率大于30%。

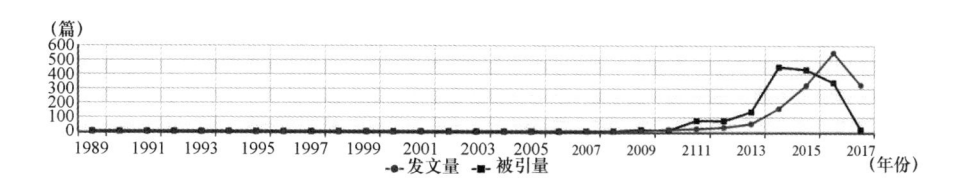

图1—3 "高校智库"发文量和被引量曲线

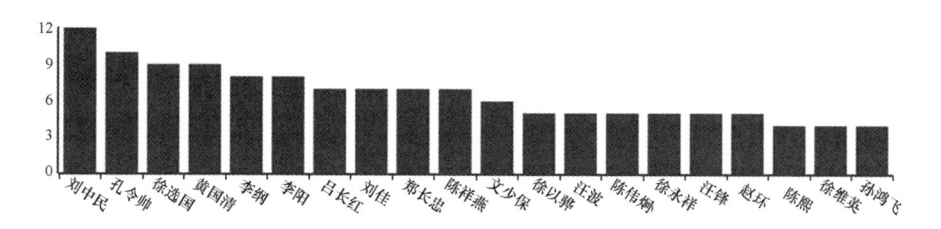

图1—4 "高校智库"研究学者排名

表1—3　　　　　　　　"高校智库"研究学者排名

排名	作者及单位	发文量	百分比（%）	被引量
1	刘中民，上海外国语大学中东研究所	12	0.80	436
2	孔令帅，上海师范大学	10	0.67	157
3	徐选国，华东理工大学社会与公共管理学院社会工作系	9	0.60	247
4	黄国清，江西农业大学	9	0.60	294
5	李纲，武汉大学信息管理学院信息资源研究中心	8	0.54	838
6	李阳，武汉大学信息资源研究中心	8	0.54	147
7	吕长红，上海海事大学图书馆	7	0.47	57
8	刘佳，中国地质大学计算机学院	7	0.47	81
9	郑长忠，复旦大学	7	0.47	182
10	陈祥燕，上海海事大学图书馆	7	0.47	37

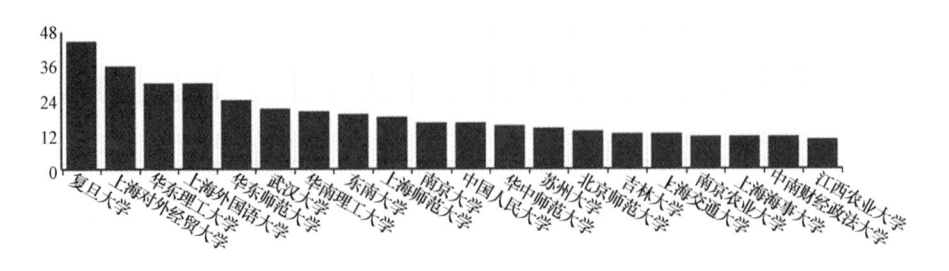

图1—5　"高校智库"研究机构排名

表1—4　　　　　　　　"高校智库"研究机构排名

排名	机构	发文量	百分比（%）	被引量
1	复旦大学	45	3.02	516059
2	上海对外经贸大学	36	2.41	20152
3	华东理工大学	30	2.01	146824
4	上海外国语大学	30	2.01	49794
5	华东师范大学	24	1.61	430409
6	武汉大学	21	1.41	648417
7	华南理工大学	20	1.34	412760

续表

排名	机构	发文量	百分比（%）	被引量
8	东南大学	19	1.27	400300
9	上海师范大学	18	1.21	124852
10	南京大学	16	1.07	603797

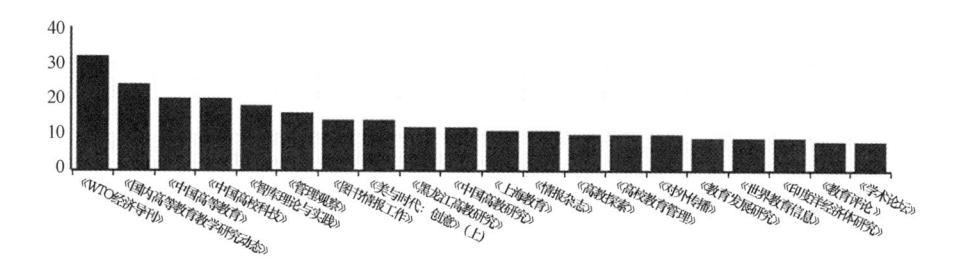

图1—6 "高校智库"热门刊物排名

表1—5　　　　　"高校智库"热门刊物排名

排名	传媒	发文量	百分比（%）	被引量
1	《WTO经济导刊》	32	2.14	3464
2	《国内高等教育教学研究动态》	24	1.61	86
3	《中国高等教育》	20	1.34	68374
4	《中国高校科技》	20	1.34	3911
5	《智库理论与实践》	18	1.21	88
6	《管理观察》	16	1.07	22474
7	《图书情报工作》	14	0.94	60487
8	《美与时代：创意》（上）	14	0.94	2317
9	《黑龙江高教研究》	12	0.80	61277
10	《中国高教研究》	12	0.80	72781

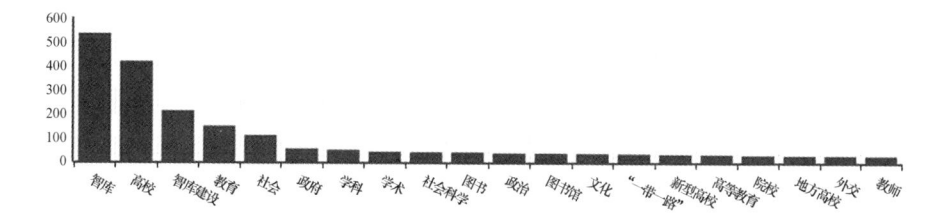

图1—7 "高校智库"相关研究主题分析

表1—6　　　　　　　"高校智库"相关研究主题分析

序号	主题	发文量	百分比（%）	被引量
1	智库	535	35.86	1620
2	高校	419	28.08	820453
3	智库建设	213	14.28	557
4	教育	150	10.05	2026494
5	社会	112	7.51	693813
6	政府	54	3.62	393060
7	学科	50	3.35	4751730
8	学术	43	2.88	130165
9	社会科学	40	2.68	46982
10	图书	40	2.68	267663

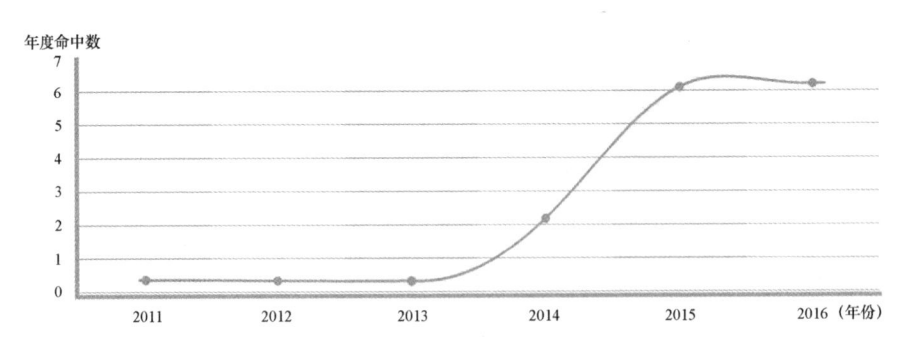

图1—8　"高校智库"知识脉络曲线

本书以中国知网（CNKI）期刊文献为数据源，在"主题"检索栏以"高校智库"为检索词，将发表论文时间段限制在2012—2017年，其余选项为默认设置。

根据数据统计得知，2011—2016年中国学者对"高校智库"的研究越来越深入，相关发文量逐年递增，尤其是2013—2016年发文量呈明显上升趋势，2016年达到峰值，近600篇。相关文献被引量也呈逐年递增的状态，2014年达到峰值，因被引与发文之间有时间差，所以被引量变化趋势相比发文量变化趋势相对滞后。

自2012年以来，"中国高校智库"的学术关注度也是呈逐年急剧增长之势，尤其是2013—2016年关注度增长尤为迅猛，2016年达到峰值，与发文量变化趋势较为相近，因此呈现的国内"高校智库"研究热点的变化态势符合实际情况。

"高校智库"相关研究机构主要分布在上海、武汉、南京等地，例如，发文量最大的5家研究机构均在上海，发文量最多的学者前3名均来自上海高校。

从知识脉络曲线可以发现，中国关于"高校智库"研究的年度命中数自2013—2016年也是呈急剧上升之势，与发文量曲线和学术、用户关注度曲线的变化趋势也是相吻合的。

由徐晓虎等撰写的《中国智库的基本问题研究》下载量最大，被引次数也最多（74次）。相关研究主题"智库""高校""高校智库建设"排名前三，表明高校智库研究侧重于高校与高校智库之间的关系、对于高校智库的职能及与智库之间的关系研究热情颇高。

总之，国内对"高校智库"的研究近年来越来越受到关注，属于炙手可热的研究领域，值得我们继续深入探究。

二　中国特色新型高校智库发展现状及对策研究

（一）中国特色新型高校智库发展现状

多数被调查者认为中国特色新型高校智库建设的意义有：第一，可以搭建起高校与各级政府部门之间沟通交流的桥梁，形成长期稳定的合作；第二，有利于加强高校人才队伍建设，提高高校教师专业素养和科研能力；第三，有利于提升和改善高校的社会形象，提高社会影响力；第四，有利于提高高校创新服务能力，推进高校创新发展，开创中国特色新型高校智库建设的新局面；第五，借国家重视高校智库建设的历史机遇，向国家提交更多能够被采纳的资政研究成果。

来自国家层面的政策扶持和倡导，大大促进了近几年高校的智库发展，除了新申报建设的智库科研基地，许多已经建设有一定规模的人文社会科学研究基地也积极地开展联合和合并，希望通过合并以及跨学科甚至跨地域的联合协同创新，打造更有效的机制和更完备的跨学科研究队伍。这样火热的局面和建设高潮也会给高校智库建设带来一些问题，比如，一些准备按照智库标准打造的科研基地起点比较低，新申报的科研基地和智库学科重复性较多等。面对智库建设和发展过程中的这些乱象，对中国高校智库的发展状况进行系统、有针对性的、比较全面的调查非常有必要，也是开展本研究的意义之所在。

美国宾夕法尼亚大学智库研究的著名学者詹姆斯·G.麦甘（James G. McGann）教授带领研究团队从2006年起，每年都会就智库研究现状出版年度全球智库报告。根据《全球智库报告2017》，中国智库在数量上排名世界第二，仅次于美国，且智库发展数量已经相对稳定。2016—2017年出炉的全球智库百强名单中，中国有6家智库上榜。在智库的数量上，与排名第一的美国相比，中国排第二落后于美国，在智库的质量上更是无法与美国智库相比。

1. 全国高校智库分布极不均衡

高校智库小而散，分布及不均衡。根据2015年"中国网"高校智库名录统计分析，在150家中国高校智库中，综合型的智库占多数，具有较大影响力的高校智库，大多数在北京和上海等一线城市。

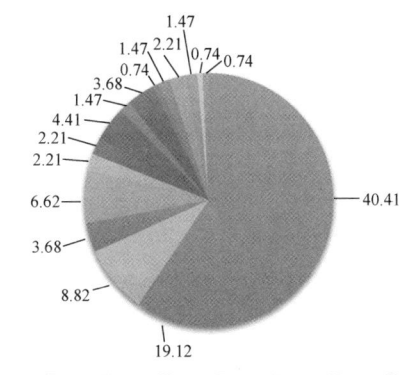

图 1—9　中国高校智库分布比例

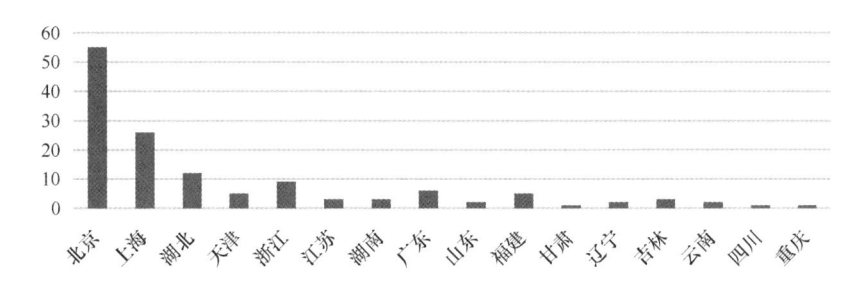

图 1—10　中国高校智库分布

2. 智库评价指标体系众多

国内外学者对智库评价的研究很多都是探索性和开创性的，为开展智库评价研究奠定了坚实的基础，提供了有益的经验。上海社会科学院副院长王振认为："中国特色智库评价体系尚处于探索阶段，尽管近年来国内涌现出一批智库评价机构，但评价的主体、标准、程序都还未在国内智库界形成一致的意见和标准。"中国有很多专家学者关注智库评价方法和评价标准研究，并取得了一些研究成果。下文按照时间顺序介绍几个国内的智库评价指标体系。

上海社会科学院开创了中国智库评价的先河，最早推出了有关智库评价的报告，明确提出了自己的评价智库影响力的指标体系。上海社会科学院根据中国智库分类演化与研究领域的特点，设计了三类排名：第一类是综合影响力排名；第二类是系统影响力排名；第三类是专业影响力排名。[①]

2015年11月，中国社会科学院中国社会科学评价中心发布了《全球智库评价报告（2015）》，提出了一套全球智库综合评价AMI指标体系。2017年11月，中国社会科学院中国社会科学评价研究院又发布了《中国智库综合评价AMI研究报告（2017）》，提出"中国智库综合评价AMI指标体系"，其主要从吸引力、管理力、影响力三个层次对智库进行评价，构建了"中国智库综合评价AMI模型"，该研究报告于2018年在中国社会科学出版社出版。

2016年9月，南京大学中国智库研究与评价中心和《光明日报》智库研究与发布中心联合开发和推广的《中国智库索引》（CTTI），采用MRPA测评体系与排序算法，同时支持可定制的主客观综合评价系统，旨在为更好地服务中国特色新型智库建设、弥补我国智库数据管理的在线评价工具空白，其为智库界利用大数据手段进行研究提供了重要的支撑。

2017年12月，浙江工业大学全球智库研究中心发布了《中国大学智库发展报告2017》，从中国大学智库评价的理论构建和学理逻辑出发，提出了建构以"契合度""活跃度""贡献度"为核心的"三维模型"FVC，并推出中国大学智库机构三十强和百强排行榜，旨在从聚焦国家重大战略、展现社会关注热点、凸显优势研究机构三个方面，激励大学智库创新发展。

高校智库是中国智库的重要组成部分，但是目前尚缺乏专门针对高校特色新型智库的科学、系统性评价指标体系研究。高校特色

[①] 荆林波等：《中国智库综合评价AMI研究报告（2017）》，中国社会科学出版社2018年版，第56页。

新型智库评价指标需要结合高校智库的独特属性来制定。既要凸显高校智库的特点，也要凸显智库、非一般高校研究机构的特点，有待逐步探索与完善。开展高校智库评价指标体系研究，需要建设高校智库相关的特色数据库，服务高校智库研究与科学评价。建立科学、合理的高校智库评价指标体系，可以推动高校智库加强能力建设，提高其研究水平和成果质量，促进研究成果转化，推进高校智库的可持续健康发展，提高智库的可信度与知名度。

3. 高校智库研究经费来源渠道单一

智库的发展离不开经费的支持，中国高校智库经费主要来源于教育部、各省有关部门的财政拨款，以及各种课题研究经费，仅有少量自筹资金。

4. 高校智库的专业影响力较强

多数高校智库的研究人员管理模式采用专职和兼职并重，绝大多数智库以兼职研究员为主、极少数以专职为主、兼职为辅。重点高校智库研究人员大多有访问学者经历，半数以上拥有博士学位，也有部分人在国外获得博士学位。

智库主要研究人员在期刊上发表文章的数量较多。高校智库的研究人员大多是高校教授，理论基础扎实、研究能力较强，在各种期刊上发表学术文章较多，同时撰写调查报告、连续性研究报告等。

智库研究人员出版专著情况。高校智库中的重点高校和省级高校智库研究人员出版专著数量较多，地方高校智库研究人员出版专著数量较少。近半数高校智库主办有公开发行刊物1—2种。

5. 高校智库的政府影响力分析

高校智库为政府人员培训的情况。在调查中得知仅有少数高校智库为政府部门进行人员培训，年平均次数为两次。

高校智库获得政府领导批示（采纳）的情况。调查数据显示各家高校智库平均每年被国家部委、省级、市级政府部门采纳两次左右。

高校智库参加政府部门的座谈会情况。重点高校、省级高校智库研究人员参加政府部门组织召开的座谈会机会和数量较多，平均每年有10多次；市级高校智库研究人员机会较少。

被调查的高校智库主要研究项目来自政府委托，平均每年有10多项。也有部分企业委托研究项目。

高校智库研究人员大多通过出席国内外会议、参加论坛等方式扩大对智库的影响力，少部分高校智库研究人员担任省、市政府咨询委员实现参政议政。仅有少量高校智库研究人员会使用社交媒体等方式扩大智库的影响力。

6. 高校智库的社会影响力分析

高校智库网站建设情况。绝大多数高校智库都自建有纯中文界面网站，少量建设有中、英文网站，极少数有多种语言网站。

国内主流媒体对高校智库的报道量。数据显示，绝大部分高校智库不太关注媒体对智库的报道。通过本课题组调研之后，有些高校智库开始重视通过自媒体方式（微信公众号）宣传智库。

高校智库及其主要负责人在新媒体上的粉丝量。多数高校智库开通了微信公众号，少数有微博。调查中获知极少数的高校智库负责人会通过新媒体宣传智库、扩大智库自身的影响力，如中国人民大学重阳金融研究院执行院长王文很早就开通了微信公众号。但还有很多高校智库负责人对于新媒体不太敢尝试。

高校智库在互联网搜索引擎上的搜索量。绝大多数高校智库不知道、也不在乎自家智库在互联网上的搜索量。

7. 高校智库的国际影响力较弱

高校智库与国外机构合作的频次和方式。在重点高校和省级高校智库中，大多数会通过召开学术会议、组织夏令营、在海外出版专著等方式开展与国外机构合作交流，市级高校智库则几乎完全没有与国外机构开展合作。

因缺少经费、出国审批手续繁杂等多种原因，高校智库研究人员缺乏出国交流机会，导致智库国际知名度不高、主要研究人员在国际论坛上无话语权。

总体来说，中国高校智库发展受到组织管理方式、研究经费来源、评价机制以及人才匮乏等多方面的影响，发展过程中存在着规模较小、机构分散、高质量的研究成果较少、影响力偏弱、较少为政府进行人员培训、不太重视媒体对智库的报道（甚至有的高校研究机构上了智库排行榜都不知情，可谓是墙内开花墙外香）、研究人员国际化程度不高、智库主要研究人员在国际论坛上缺少话语权等特点。

（二）中国高校智库发展中存在的主要问题

当前全国有很多高校加入智库建设的热潮之中，但高校以"教书育人"为本的初衷不会改变，所以并不可能大规模地转向开展决策咨询服务。无论从质量上还是数量上看，高校智库都是中国新型智库建设体系的重要组成部分。

根据被调查高校智库负责人的意见，整理中国高校智库发展中存在的主要问题如下：一是智库数量不少，但高质量的不多。据中国智库网统计，目前中国约有高校智库700多所，这些智库大都集中在重点高校等研究型大学，但是，全国约有2000多所高等院校，绝大部分研究型高校和人文社会科学类高校都已通过新建或是将其他科研平台转型改建成为自己的智库，其中的相当部分质量并不高。二是智库领军型和运营型人才严重不足。新型高校智库亟须超越传统学术组织运行模式的路径依赖，首先应从培养领军人物和运营骨干两方面下功夫。三是较难处理好传统研究机构与现代智库的区别与联系。部分高校智库对现代智库的认知相对不足，从而制约了其对现代智库发展规律的主动把握，相当部分的高校智库管理者和从业者尚处在"自发"研究阶段。四是研究团队的专业化与稳定性不够。高校智库研究人员多是学校教授兼职，有人身兼数职，难以保证专业性与稳定性。五是固定研究经费来源较为困难。有些高校智库是教育部、省教育厅的重点研究基地，研究经费有保障，而非重点研究基地的智库经费则无法保证来源。六是研究成果难以得到智库所在学校的认定，难以推广。高校科研评价激励机制影响着智库的活力，以论文、论著为主体的评价机制难以体现智库的贡献。七是部分拥有人文社会科学背景的智库专家不擅长于利用大数据、采集数据，制约了智库研究采用现代数据科学思维、模型和方法的进程。八是高校智库因无法及时了解政府部门的实际需求，难以形成有效的咨询服务。高校智库缺少深入社会和联结社会的能力，无法建构自己的社会关系网络，在整个政策共同体中被边缘化。九是研究人员难以扎根基层开展调研，所研究的问题与现实社会脱节，出现关起门来"自娱自乐"的现象。十是智库运营管理机制僵化、落后，智库发展需求受制于高校现行的人事管理制度与财务制度，智库实体化、法人化进展缓慢。十一是国际话语权与影响力较弱。高校智库在国际传播和交流中参与全球对话的深度不足，常有失语、独白现象。十二是智库研究与高校学科建设、重大项目组织、队伍建设、人才培养的互动性、关联度不高，容易形成孤岛，得不到学校其他群体的理解。

（三）中国特色新型高校智库发展对策

中国高校智库正处在探索和转型期，智库建设的潜力很大。国家重视智库建设，"智库热"的现象会持续。要实现中国特色新型高校智库的可持续健康发展，笔者认为需要做到以下几点。

第一，对标中央要求，增强服务国家、社会的使命感和责任感。高校及高校智库负责人必须提升智库建设意识，着力提高智库服务社会的能力。

第二，加强高校智库宣传工作，重视利用新媒体宣传智库研究成果，扩大智库的社会影响力。

第三，践行高校哲学社会科学"走出去"计划，扩大高校智库国际学术话语权和国际影响力。强化智库文化软实力，拓展国际朋友圈。

第四，逐步完善结构布局，创新组织形式，重点建设一批全球和区域问题重点研究基地。推动高校智库与国外一流智库建立实质性合作关系，建立海外中国学术中心，支持高端智库参与和设立国际学术组织、举办创办高端国际学术会议。

第五，构建各种类型的高校跨学科创新研究团队、创新高校智库比较研究对象。高校跨学科团队是以解决跨学科问题为目的的组织，此类组织往往具有天然的资源优势，能够调动一定范围内相应学科的各种资源，包括各学科的最新研究成果及研究方向。这些前沿的科研成果将为中国立足"一带一路"倡议，加深与相关国家和地区的连接，并为实现中华民族伟大复兴的中国梦提供智力支持。

第六，加强"政产学智谋"协同，加大与社会各界开展合作交流，尽快组建高校智库联盟。

第七，遵循智库建设规律，在高校内部改革创新科研成果评价体制机制，激发研究人员多出应用性研究成果，构建符合中国特色新型高校智库发展规律的长效机制。

第八，构建高校智库人才队伍培养机制。高校要克服唯学历、唯职称、唯论文等倾向，注重凭能力、实绩和贡献评价教师，鼓励教师多元化发展，为教师的多元化发展提供条件。充分整合现有人力资源，同时注重培养智库未来的人才资源，服务地方经济社会发展。

第九，有针对性地重新梳理高校内部研究机构与大学的关系，提高研究机构的自主性，争取社会各方资金捐助，形成依托大学的一流高校智库。

第十，适时建立高校智库自己的专项数据库。智库的研究方法正在改变，向着大数据、云计算、人工智能发展。高校智库需要建立适合自己研究特点的专项特色数据库。

第十一，打造专业化的高校智库。当代的智库正在细分为更加专业化的研究机构，例如，目前中国约有300个与"一带一路"相关的智库，以"一带一路"或者"丝绸之路"命名。

第十二，推进政府数据信息公开化进程。大力推进数据信息公开，加强政策研究投入，创造公平的政策研究环境，培育高质量的高校智库。

第十三，加快整合高校科研、人才、学科等资源优势，积极主动与政府智库开展合作，共同开展项目评估、策划、技术培训、决策咨询等服务，进行有关理论与实践项目研究，发挥强强合作优势，推动相关研究成果的进一步转化，为国家战略、地方经济建设、文化发展服务，扩大高校智库的政府影响力。

第十四，尽快建立高校智库资政研究专家人才信息库。

第十五，大力提升高校智库研究战略性、前瞻性，高校要依托优势学科，充分发挥基础学科研究优势的同时，大力加强应用研究，发展新兴交叉学科，促进多学科深度融合发展，形成基础研究和应用研究协调发展的科研创新体系，产出具有前瞻性、战略性的高质量研究成果。

通过以上这一系列的具体措施，总结高校智库在思想创造与理论构建方面的规律，探索其可持续健康创新发展的模式，整合高校智库资源，提高智库研究成果转化能力，为国家和社会打造真正的"信得过、靠得住、用得上"的中国特色新型高校智库。

在国际社会形势纷繁复杂的情况下，中国特色新型高校智库应发挥自身优势，瞄准现实性、前沿性、战略性问题开展深入系统的研究，为国家提供重大基础性、理论性、前瞻性的决策咨询服务。在中国政府重视智库建设的背景下，中国高校智库迎来了新的发展机遇。中国高校智库与西方高校智库相比，因所处的体制环境不同，呈现出本土化运作的独特性。由于中国各类智库参与政府决策的途径、方式不同，其对政府决策的影响力与效果也有着较大差异。不断推进中国高校智库建设的专业性水平和独立化程度，提高其服务决策的信度和效度，是中国高校智库建设的发展方向，更是中国特色新型智库建设在推进我国决策科学化、民主化进程中不可推卸的历史责任。

第二章

敢于改革创新、勇于领先

——中国人民大学重阳金融研究院

图 2—1　中国人民大学重阳金融研究院

图片来源：调研时作者拍摄。下文不再一一标注。

一　中国人民大学重阳金融研究院简介

2013年1月19日，一家中国特色新型智库——中国人民大学重阳金融研究院（Chongyang Institute for Financial Studies，Renmin University of China）成立，其系上海重阳投资管理股份有限公司董事长裘国根先生向母校中国人民大学捐款2亿元并设立教育基金运营的主要资助项目。

中国人民大学重阳金融研究院下设7个部门、运营管理3个中心（生态金融研究中心、全球治理研究中心、中美人文交流研究中心）。目前，中国人民大学重阳金融研究院被中国官方认定为 G20

智库峰会（T20）共同牵头智库、中国金融学会绿色金融专业委员会秘书处、"一带一路"中国智库合作联盟常务理事、中国—伊朗官学共建"一带一路"中方牵头智库。2014年以来，中国人民大学重阳金融研究院连续三年被选入由美国宾夕法尼亚大学推出的、国际公认度最高的《全球智库报告》的"全球顶级智库150强"（仅有7家中国智库连续入围）。在浙江工业大学全球智库研究中心发布的《中国大学智库发展报告（2017）》中，中国人民大学重阳金融研究院综合排名第7名。

作为中国特色新型高校智库，中国人民大学重阳金融研究院依托中国人民大学财政金融学院，致力于打造一个开放性的研究平台，在全国甚至全球范围内的各大经济、金融、政府部门及各类具有实际操作经验的企业人士中，寻找有思想、有影响力的行业精英。

中国人民大学重阳金融研究院执行院长王文主张"脚底板下做学问"，曾先后走访调研近百个国家，撰写的研究报告多次获得党和国家领导人批示与肯定。2014年，王文被评为"中国十大智库人物"（中国网）；2015年，其研究报告获中国政府网"杰出作品奖"。王文教授在接受访谈时说："很多人认为所谓智库，就是一个写内参、拿批示的机构。但是能拿到批示的未必是好智库，拿不到批示的肯定不是好智库。"

二 建设具有国际视野的高端智库

"立足人大，放眼世界，把脉金融，观览全局；钻研学术，注重现实，建言国家，服务大众。"这是时任中国人民大学校长陈雨露在中国人民大学重阳金融研究院建立之初为其作为中国特色新型智库，量身打造的32字发展方针。

（一）办院宗旨

中国人民大学重阳金融研究院力求为国家中长期发展培养和输

送高级金融人才，开辟经济研究与发展的新天地，立志打造一个以"大金融"研究与传播为核心目标、有中国特色的现代化智库，最终实现金融报国、知识报国、智慧报国的宏愿。

（二）主要研究领域

中国人民大学重阳金融研究院主要研究领域包括全球治理、一带一路、绿色金融、宏观经济、G20研究、智库建设等。

（三）研究人员的管理模式

中国人民大学重阳金融研究院的人员管理模式采取专职与兼职两者兼有的方式，通过非专职聘用行业精英为高级研究员、兼职教授等方式，最大化吸收社会资源，集聚前沿、尖锐与务实的智慧，进而完成扎实、可行与优秀的研究成果，逐步形成中国人民大学重阳金融研究院的大智库形象。

中国人民大学重阳金融研究院已拥有30多名专职研究员。自成立以来，聘请了来自世界各地、十几个国家的96名前政要、知名学者、银行家等为高级研究员，与30多个国家的智库开展实质合作研究。面对全球信息化时代的挑战，作为高校智库的中国人民大学重阳金融研究院对自己提出的要求是，不断加强自身建设，强化决策影响力、国际影响力和社会影响力。

（四）研究成果的传播途径

中国人民大学重阳金融研究院的同人们，长期保持强烈的问题意识和现实关怀，最大限度地对研究成果的风格、内容进行创新，利用政府咨询报告、内部参考等形式，对政府决策提供建设性的意见、建议与参考；也充分地利用报刊、电视、中英文网站、微信公众号、微博、手机报等媒体路径，对其研究成果进行广泛的传播，以提升中国人民大学重阳金融研究院在国内外媒体的知名度。同时不定期地与欧美国家及中国各地的研究机构开展实质性合作，形成并扩大以研究院为平台的社会网络，为日后培养与输送高层次金融人才打下扎实的基础。

图2—2 中国人民大学重阳金融研究院宣传栏

(五) 智库的主要功能

中国人民大学重阳金融研究院负责人认为"高校智库应当发挥战略研究、政策建言、人才培养、舆论引导、公共外交的重要功能"。第一，智库应发挥基础研究实力雄厚的优势，着重开展事关国家长远发展的基础理论研究，为科学决策提供坚实的理论支撑。第二，智库应发挥学科门类齐全的优势，围绕重大现实问题，开展多学科的综合研究，提出具有针对性和操作性的政策建议。第三，智库需要发挥人才培养的优势，努力培养复合型智库人才，为中国特色新型智库建设提供有力的人才保障。第四，智库要发挥高校学术优势，针对社会热点问题，积极释疑解惑，引导社会舆论。第五，智库必须发挥对外交流广泛的优势，积极开展人文交流，推动公共外交。

(六) 充分发挥高校智库的作用，提高智库建设的效率

第一，以"高校＋社会"合作模式引进社会资源。通过引进社会资源做高校智库研究的增量，实现了学术研究、政策研究的功能分工，又通过智库和高校的相互沟通实现了合作交流。第二，扶持

现有的具有国际影响力的高校智库。重点扶持若干家现有的具有国际影响力的高校智库，给予更好的支持，在财务预算、官方智库互动机制、财力资金保障等方面也给予支持，从而打造具有全球影响力的高校智库。第三，打破高校人才怪圈，积极引入社会人才。在人才方面，高校智库必须形成一支"一专多能"的复合型团队。不仅拥有专业的智库学者，也需要在公共传播、社会交往、会议筹办等方面的综合型人才。

（七）当前智库存在的主要问题

从属性定位上看，智库对咨询公司、学术机构与自身的概念差异仍然认识不清。从价值立场上看，智库对如何建设中国特色社会主义事业的国家忠诚度仍然不够。从跨国互动上看，智库国际化的进程还远远不够，无法为中国参与更多的全球事务提供足够的思想支撑。从人员培养上看，中国智库尚未形成完整的人才培养土壤，既未能为政府孕育足够多的后备精英，也没有形成对国际组织的人才输送力。

三　新型高校智库的网络活跃度与社会影响力

2014年2月，上海社会科学院智库研究中心发布的《中国智库报告》，中国高校智库影响力排名前五名为北京大学、清华大学、复旦大学、中国人民大学和南京大学。中国人民大学重阳金融研究院榜上有名。

中国人民大学重阳金融研究院执行院长王文认为智库要做的工作，主要是研究和传播。中国特色新型智库要做到以下几点：第一，智库要影响而且能够影响这个国家的决策层，也就是"资政"功能。第二，智库要成为大事件背后的解读力量，让公众能够更好地理解大事件背后的真正含义，也就是"启民"作用。全球要讨论、争议的主要问题是什么？欧美国家智库怎么设置全球议程？他们通过召开各种记者招待会，在媒体上发表大量的文章，与媒体共同举办活动设置全球议程。目前，很少有中国智库的学者能在国际一流媒体上阐述中国人的立场与观点，也就是没有话语权。第三，中国智库需要广交世界各国的朋友，加大与各国著名高校、机构和智库的合作与交流。

"影响力"本身就是一个非常抽象的概念，我们很难证实智库是否真的对决策者产生了实际影响。英国著名智库问题专家戴安·斯通就曾评价道：即使我们能够证实撒切尔夫人经常向亚当·斯密研究所咨询，布莱尔首相也听得进费边研究所和公共政策研究所的建议，我们也不能证明英国首相们确实是因为听了智库的建议而做了某个决定。美国智库的评价者一般用智库专家出席国会听证会作为评价指标。但是，即使智库专家被邀请出席听证会，也并不意味着专家对国会决策真的产生了影响。因此，智库评价者们做的所有努力，都是将"智库影响力"的概念简化为"有助于智库实现影响力的行为"。而那些对智库影响力评价的技术性批评也大多集中在这一逻辑环节。[1]

中国人民大学重阳金融研究院非常重视智库的社会影响力，建立了综合化的传播体系，运用多种手段开展智库传播活动。其传播智库研究成果的方式主要有以下几种：（1）微信（RDCY，已超过2万粉丝）、微博（80多万粉丝）、邮件群（1万余封）、中英文官网（智库界排名前三）。（2）该研究院经常举办各种形式的研讨会、大型国际论坛活动。（3）2013—2016年，国内主流媒体累计原发报道该研究院新闻超过3000篇；百度新闻相关搜索超过100万篇。（4）该研究院以每年平均10次以上的频率与国际知名智库合作举办论坛或研讨会。（5）该研究院与美国卡特中心、布鲁金斯

---

[1] 朱旭峰：《智库评价排名体系：在争议中发展完善》，《光明日报》2016年2月3日。

学会、土耳其、伊朗等 30 多个国家的智库开展密切合作。（6）2013—2016 年，该研究院的主要研究人员在国际论坛上发言近 100 次；国外媒体相关报道近 100 篇。（7）2016 年，作为知名高校智库，该研究院人员的国际化程度较高，其中专职研究员 15 名，海归占 30%；兼职研究员 90 多名，外籍人士占 40%。

"100 多年前，坦克作为一种新的武器被发明，并且用于第一次世界大战，杀伤力极强，有时一场战役就可以摧毁、杀伤几十万人。那时欧美国家的知识分子认为思想也可以像坦克那样具有杀伤力。因此，就把这样的机构称为 think tank（智库）。在之后的 100 年中，智库变成了国和国之间交往的非常重要的机构。"[①]

智库的英文是"think tank"，"think"是"思想"或"思考"，"tank"是"坦克"，"think tank"翻译成中文就是思想的坦克，即思想要有进攻力！我们从思想要有进攻力的角度来看，由美国宾夕法尼亚大学智库研究项目（TTCSP）编写的《全球智库报告》，智库排行榜还是存在很多的问题。笔者曾借一次会议的机会，向麦甘先生提问：为什么中国的高校智库在《全球智库报告》排行榜中上榜者甚少？麦甘先生首先回答说，智库想要进入美国宾夕法尼亚大学智库研究项目（TTCSP）编写的《全球智库报告》，需要向项目组自我推荐，对于那些不重视自身影响力的智库，就基本没有机会进入《全球智库报告》榜单了。然后，麦甘先生承诺说，今后中国高校智库较少入选《全球智库报告》排行榜的现象会减少。

四　智库的专业影响力

关于智库的成果评价指标体系有多种，如公开发表的论文、专

[①] 王文：《思想可以像坦克那样具有杀伤力——五十国归来看中国智库》，"共青团中央"微信公众号，2017 年 5 月 24 日。

著、被政府采用的研究报告等。

中国人民大学重阳金融研究院不拘一格，2013—2016年，在各级各类媒体公开发表文章，每年平均公开发表署名文章1800多篇；出版专著20余部，累计出版50余部；发布在《求是》《红旗文稿》《对外传播》《中国金融》等重要期刊上的论文，每年平均约为70篇。2013—2016年，中国人民大学重阳金融研究院的研究报告获得中央领导批示30多次、部级领导批示近100次。2013—2016年，中国人民大学重阳金融研究院承担中央级项目4项、部级以上委托项目10多项。2013—2016年，中国人民大学重阳金融研究院参加政府部级座谈会以上近100次。累计发布大型研究报告20多期；研究动态近200余期；研究简报120余期。

表2—1　　2014—2016年主要研究人员出版专著情况

		书名	作者	出版社	出版年份
智库作品系列	1	《中国—G20》（大型画册）	中国人民大学重阳金融研究院 著	五洲传播出版社	2016
	2	《G20问与答》	中国人民大学重阳金融研究院 著	五洲传播出版社	2016
	3	《全球治理的中国方案》	辛本健 编著	机械工业出版社	2016
	4	《"一带一路"国际贸易支点城市研究》（英文版）	中国人民大学重阳金融研究院 编译	新世界出版社	2016
	5	《2016：G20与中国》（英文版）	中国人民大学重阳金融研究院 著	新世界出版社	2016
	6	《世界是通的："一带一路"的逻辑》	王义桅 著	商务印书馆	2016
	7	《一盘大棋——中国新命运的解析》	罗思义 著	江苏凤凰文艺出版社	2016

续表

		书名	作者	出版社	出版年份
智库作品系列	8	《美国的焦虑》	王文 著	人民出版社	2016
	9	《伐谋》	王文 著	人民出版社	2016
	10	《看好中国——一位智库学者的全球演讲》	王文 著	人民出版社	2017
	11	《世界治理：一种观念史的研究》	王文 著	人民出版社	2007
	12	《2016：G20与中国》	中国人民大学重阳金融研究院 著	中信出版集团	2016
	13	《"一带一路"智库研究蓝皮书2015—2016："一带一路"与国际贸易新格局》	中国人民大学重阳金融研究院 主编	中信出版集团	2016
	14	《G20智库蓝皮书2015—2016：G20与全球治理》	中国人民大学重阳金融研究院 主编	中信出版集团	2015
	15	《"一带一路"国际贸易支点城市研究》	中国人民大学重阳金融研究院 主编	中信出版集团	2015
	16	《从丝绸之路到欧亚大陆桥》	黑尔佳·策普—拉鲁什、威廉·琼斯 主编	江苏人民出版社	2015
	17	《财富新时代——如何激活百姓的钱》	王永昌主编	中国经济出版社	2015
	18	《生态金融的发展与未来》	陈雨露 主编	人民出版社	2015
	19	《构建中国绿色金融体系》	绿色金融工作小组 著	中国金融出版社	2015
	20	《"一带一路"机遇与挑战》	王义桅 著	人民出版社	2015
	21	《重塑全球治理——关于全球治理的理论与实践》	庞中英 著	中国经济出版社	2015
	22	《金融制裁——美国新型全球不对称权力》	徐以升 著	中国经济出版社	2015

续表

		书名	作者	出版社	出版年份
智库作品系列	23	《大金融与综合增长的世界——G20智库蓝皮书2014—2015》	陈雨露 主编	中国经济出版社	2014
	24	《欧亚时代——丝绸之路经济带研究蓝皮书2014—2015》	中国人民大学重阳金融研究院 主编	中国经济出版社	2014
	25	《重新发现中国优势》	中国人民大学重阳金融研究院 主编	中国经济出版社	2014
	26	《谁来治理新世界——关于G20的现状与未来》	中国人民大学重阳金融研究院 主编	社会科学文献出版社	2014
学术作品系列	1	《金融监管与宏观审慎》	马勇 著	中国金融出版社	2016
	2	《中国艺术品金融2015年度研究报告》	庄毓敏、陆华强、黄隽 主编	中国金融出版社	2016
金融下午茶系列	1	《有趣的金融》	董希淼 著	中信出版集团	2016
	2	《插嘴集》	刘志勤 著	九州出版社	2016
	3	《多嘴集》	刘志勤 著	九州出版社	2014
	4	《金融是杯下午茶》	中国人民大学重阳金融研究院 主编	东方出版社	2014

五 智库发展的机遇

当前，中国智库迎来了发展的"黄金时代"。中国人民大学重阳金融研究院执行院长王文说自己没有历史的包袱，即能够大胆改革创新建设新型高校智库。他认为作为中国特色新型高校智库，有以下几个发展的机会。

（一）信息网络技术

"伐谋"的意思，换到现代语境下即公共外交。中国人比较内向，在这方面大多做得不够，甚至是非常落后。为何会出现这样的现象？究其原因，有人会抱怨说我们的声音传播不出去。王文教授常说："智库学者要少一点抱怨，更多地抓住社会和时代给予的机遇。"现代信息时代，伴随着网络通信技术的发展和进步，给智库学者们提供了很多发出自己的声音的渠道、机会。例如，可以借助于微信公众号、微博、博客等自媒体。

（二）政治改革

在中国政治改革的进程之中，决策者非常渴求学者们能够给他们提供支持与帮助，可以给政府提出更多的建设性的意见与具有可执行性的方案。

（三）经济转型

现在中国经济转型非常艰难，经济下行压力也很大。在这个下行的过程中，就会出现各种各样的声音，比如，很多人会比较关心房价的涨跌。那么作为智库学者，就要构想怎么给决策者提供建议与参考，既让资政方案具有可执行性，又能让老百姓都满意。

六　中国人民大学重阳金融研究院人对智库的看法

中国已经是个全球大国了，根据《全球智库报告2017》，中国智库的数量在世界上排名第二。中国是个拥有14亿人口的大国，从人口数量上看，无疑是个大国。中国的经济体在世界排名第二，也是大国。王文教授撰文道："大国发展的高难度与复杂性，都交织呈现在中国身上。作为21世纪的大国，必须同时避免大国争霸冲突的'修昔底德陷阱'、民众福祉止步的'中等收入陷阱'与政府公信力下降的'塔西佗陷阱'这三大陷阱。这是一场成色十足的'具有许多新的历史特点的伟大斗争'，需要经济、军事、农业、反腐、产能、环保、文化、媒体等各领域、全方位的伟大实践，而这些都得靠'将改革进行到底'的雄心、毅力与智慧。"①

对于中国来讲，改革不只是升华为一种精神价值，也是一种不可多得的民族能力。当今世界并不太平，经济发展形式亦不算好，并非所有的国家都能找到改革的有效方法和路径。中国只有将改革进行到底，崛起之梦才有希望。若干年后，世界历史学家们再回首21世纪最重大的历史事件时，会仔细地从改革的精神价值与民族能力中挖掘到中国成功的神奇密码。

中国人民大学重阳金融研究院每天都会收到很多调研问卷，大多是对中国当前出现的各种问题进行调查研究。发放问卷的一方，往往会让研究院的研究人员赶快填写数据。因为中国人民大学重阳金融研究院是从事智库工作的机构，其他机构要来对之进行评价。王文院长在访谈时坦率地讲："中国人民大学重阳金融研究院之前收到的那些智库调查问卷，我认为都是太偏了，不足以衡量中国智库的好坏。"决定中国智库的好坏，关键在于是否能够让全球感受到智库的影响力。智库至少应是实体的研究机构，需要扎实的调研后出成果。

为何需要新型智库呢？新在哪里？新就是指有多少国际影响力。对于课题组的调研，王文院长提出了个人的看法："为什么中国的金融行业影响力根本无法进入国际排行榜？从全球的角度来看，中国金融行业发展很快，中国金融智库在国际上的影响力，应该比其他智库更大。经济学者的名人也很少，仅有林毅夫等。关于G20中国还是有些声音的。对于社会有贡献的智库，经济效益就会好一些；贡献小的，其经济效益肯定不会好。中国的智库面临着一个很大的问题，比如那些被社会边缘化的智库，仅仅发挥了机构研究人员百分之一至百分之三的能量。举例说明智库的作用。苏联为

---

① 王文：《讲好中国的改革故事（新论）》，《人民日报》2017年7月21日。

什么解体,很多人有很多的解释,学术界也有很多研究,有人说是因为意识形态斗争,有人说是因为军备竞赛,有人说是因为苏联执政党的腐败。但其实还有一种观点认为苏联实际上是败给了美国的智库。"①

习近平总书记提出建设新型智库,在智库的建设与发展的进程中,不能出现问题都怪体制。中国人民大学重阳金融研究院也在体制之内,同样也会受体制约束,但是可以改革。靠着铁饭碗生活、干多干少一个样,没有干好就怪体制,这是学者的一种懒政、庸政表现。必须从人的角度来考虑这个问题,大家同样都在体制之内,也有做得很好的智库。

关于智库的运营管理模式,王文教授不太赞同用企业的运营模式来管理智库。他认为可以借鉴企业的一些管理方式,如绩效考核、制度建设等,但是绝对不能照搬企业的管理方式来运营智库。中国人民大学重阳金融研究院的内部建有很复杂的管理制度,理事会不参与制度设计,而是由全院员工自己讨论通过。该制度在大的方向上和其他高校差不多,但是另外还有一套激励机制。当前在某些高校内部,还是吃着"大锅饭",收入无法拉开差距。但是中国人民大学重阳金融研究院是会拉开差距的,按照研究院的规则,最高收入者与最低收入者之间存在好几倍的差距。

七 研究中心简介

(一)全球治理研究中心

2017年3月9日,中国人民大学全球治理研究中心(Global Governance Research Center,RUC)成立,该中心是北京巨丰金控科技有限公司董事长马琳女士向中国人民大学捐赠并由中国人民大

---

① 王文:《思想可以像坦克那样具有杀伤力——五十国归来看中国智库》,"共青团中央"微信公众号,2017年5月24日。

学重阳金融研究院负责运营管理的教育基金项目。

中国人民大学全球治理研究中心由外交部原副部长、中国人民大学重阳金融研究院高级研究员何亚非领衔，中国银行原副行长、国际商会执行董事、中国人民大学重阳金融研究院高级研究员张燕玲担任学术委员会主任，旨在构建高层次、高水准的全球治理思想交流平台，并向社会发布高质量的全球治理研究报告，努力践行"资政、启民、伐谋、孕才"的智库使命。

（二）生态金融研究中心

2014年11月25日，中国人民大学生态金融研究中心成立，这是中国首个以绿色金融为研究内容的智库项目，由北京巧女公益基金会捐赠成立。中心隶属于中国人民大学重阳金融研究院运营管理，主要围绕生态金融产业等课题展开研究，探索如何促进金融体系与绿色、可持续经济的融合以及实现生态文明建设目标的金融政策和法规。

目前该中心已与联合国环境署、世界银行、IFC等机构及十多个国家的相关智库建立了在生态金融领域的合作关系；推动成立了中国唯一，也是级别最高的绿色金融领域学术研究与工作协调的专业委员会——中国金融学会绿色金融专业委员会，该委员会秘书处设在中国人民大学重阳金融研究院，中国人民大学重阳金融研究院王文院长任中国金融学会绿色金融专业委员会秘书长。具体职能由生态金融研究中心执行。

2017年9月22日，中国首个绿色金融方向的金融硕士课程在中国人民大学开班。37位研究生成了史上第一批绿色金融硕士班的研究生。该硕士生项目将开设"绿色信贷机制""绿色金融市场"等课程，由王文教授和中国人民大学生态金融研究中心副主任曹明弟教授同时作为第一门课的主要授课老师。

生态金融研究中心承接了中国环境与发展国际合作委员会的、

中国官方首个绿色金融研究项目——中国环境与发展国际合作委员会委托的"绿色金融改革与促进绿色转型"课题；与国际可持续发展研究院、气候债券倡议组织合作发布了中国首个绿色债券市场报告《发展中国绿色债券市场》白皮书以及《绿色债券发行指南》，发布了首个中国绿色公共采购系列报告《中国绿色公共采购（GPP）：量化效益》和《绿色公共采购如何推动中国可持续发展——绿色公共采购模型的验证结果》；出版了中国首部阐述构建中国绿色金融体系的框架性设想的书籍《构建中国绿色金融体系》；出版了中国首部生态金融蓝皮书《生态金融的发展与未来》；出版了中国首部关于绿色金融与"一带一路"的书籍《绿色金融与"一带一路"》，被国家新闻出版广电总局选为向国家领导人首批推荐阅读图书。

2017年，中国人民大学生态金融研究中心入选由美国宾夕法尼亚大学推出的、国际公认度最高的《全球智库报告》的"2016年度全球最佳新锐智库45强"，位列第37名。

图2—3 中国人民大学生态金融研究中心理事会

（三）中美人文交流研究中心

2017年8月25日，中国人民大学中美人文交流研究中心成立，其是教育部在国内设立的两家中美人文交流研究中心之一，由中国人民大学重阳金融研究院负责运营管理。自建院以来，中国人民大学重阳金融研究院到美国调研 20 余次，曾多次在中美两国主办关于"一带一路"、南海问题和中美关系等高层次双边智库对话，受到国际社会的广泛关注。

第 三 章

激流勇进、不断探索高校智库建设新路径
——复旦发展研究院

图 3—1 复旦发展研究院

一 复旦发展研究院简介

复旦发展研究院（Fudan Development Institute）是复旦大学重点打造的综合性高校智库，成立于1993年2月12日，以开放办智库为特征，对外立足于一流智库的建设，为国家和上海的建设、发展贡献复旦的思想与智慧，成为国家的思想库和智囊团；对内立足于学科的交叉与整合，研究团队的建设与发展，以国家需求推动学

科整合，以学科整合贡献国家发展，提升复旦大学在国家建设与进步中的地位与影响。

现已构建起复旦—上海—全国—国际四重资政和政策创新生态系统，服务于党和国家建设发展大局。上海市委和市政府高度重视和支持复旦发展研究院的建设和发展。复旦发展研究院成立后，时任上海市委常委、副市长徐匡迪亲自担任研究院名誉院长，时任复旦校长杨福家担任院长，王沪宁等一批校内外著名教授为复旦发展研究院的起步和发展作出了重大贡献。1993年10月，复旦发展研究院成立了自己的基金会。

复旦大学早在20多年前就开始尝试智库建设，在多年的实践中对高校智库建设的规律进行了有益的探索。复旦发展研究院自成立以来，依靠复旦大学学科齐全、人才储备的综合优势，集合复旦大学各学科具有高度社会责任感、学有专长、思想活跃的学者，以团队研究为主要方式，瞄准国家与上海发展中的重大问题，开展战略和对策研究。向各级政府提交了一系列有分量的研究报告，对国家和上海发展的重大决策产生了积极影响，得到党和国家领导人以及上海市领导的重视与好评。自1995年起，连续多年出版《中国发展报告》（蓝皮书），对国家政治、经济、社会、文化、国际关系进行分析，并提出对策建议，属国内首创，在国内外产生了广泛影响，充分发挥了综合性大学思想库与智囊团的作用。

世界正处于大动荡、大变革、大调整时期，这些变化不仅触及既有的权力结构与政治秩序，而且也深刻地触及现代人类文明的生存与发展，触及人、社会与自然的最基本关系。与此同时，当今中国的发展和进步极为巨大，不仅成功地将超大规模的社会带向富足和富强，而且也是古老历史的中国社会全面融入了人类文明发展的大潮流，并成为对人类社会发展有责任、有担当、有使命的大国。对中国来说，世界的深刻变化既是机遇，也是挑战；对世界发展来说，中国的发展是动力，更是活力。中国的发展离不开世界，世界发展同样离不开中国。因此，以发展为核心主题，把握中国，把握世界，将成为复旦发展研究院的使命和任务。

复旦发展研究院在全国率先开展对新型高校智库建设的研究，能够准确把握党的十八届三中全会对高校哲学社会科学提出的新要求，把建设中国特色新型高校智库作为开展国家战略研究的新方向，旨在就高校智库的创建、运行、管理、支撑等问题开展专项研究。2013年年底，"中国高校智库论坛组委会秘书处"和"上海市高校智库研究和管理中心"落户研究院；2017年9月25日，"高校高端智库联盟"成立，联盟秘书处落户复旦发展研究院，复旦大学被推选成为首届高校高端智库联盟主席，为更好地开展高校智库建设研究打开了良好的局面。在浙江工业大学全球智库研究中心发布的《中国大学智库发展报告（2017）》中，复旦发展研究院综合排名第34名。

二 办院宗旨

"服务国家"是复旦大学一以贯之的精神价值。20多年来，复旦发展研究院始终以"服务国家发展"为己任，坚定政治立场、坚守学术理想、坚持资政导向，关注人类命运，聚焦国家发展，建言社会进步。

复旦发展研究院始终坚持瞄准国家与上海发展中的重大问题，展开战略和对策研究。2011年复旦大学为深入推进哲学社会科学繁荣发展，创新体制机制，强调以国家需求推动学科整合，以学科整合贡献国家发展，通过对复旦发展研究院进行重组，推进其向建设一流智库迈进。

复旦发展研究院在设立基金会的启事中，有这样一段适用至今的定位标准："高起点、高标准、高要求的'智囊团'，既能为政府决策提供参考依据，又能为企业提供咨询服务；同时也为充分发挥人才优势创造经验，为提高决策科学化、民主化水平走出新路。"

三　研究院的定位

复旦发展研究院定位于建设高端智库，服务国家发展。研究院从"资政育人"出发，充分发挥复旦大学文、理、医的综合学科优势，大胆整合校内战略和政策研究的人才队伍与信息资源，对外立足于建设一流高校高端智库，为国家和上海的建设和发展贡献复旦的思想与智慧，成为国家的思想库和智囊团；对内立足于学科的交叉与整合，研究团队的建设与发展，以国家需求推动学科整合，以学科整合贡献国家发展，提升复旦大学在国家建设与进步中的地位与影响。有以下五条原则：第一，根植复旦，即建设服务复旦智库，实现"资政启民"，凝聚"复旦学养"；第二，立足上海，助力上海高校智库，打造智库集群，亮出"上海声音"；第三，聚力中国，推动中国智库聚合，形成智库合力，讲好"中国故事"；第四，放眼亚洲，促进亚太多元交流，寻求广泛共识，凝聚"亚洲智慧"；第五，领军全球，推进共建海外研究中心，领跑中国研究，张扬"中国道路"。

四　主要研究领域

复旦发展研究院的主要研究领域为国家治理、上海发展、网络理政、"一带一路"研究。主要围绕以下四个方面展开：第一，研究、探索中国与世界发展的趋势与战略选择，展示复旦学者智慧；第二，通过举办"上海论坛"，实现复旦大学与世界学者对中国与亚洲发展的构想与展望；第三，服务国家与上海发展的政策研究与设计；第四，研究分析世界大国的战略构想和战略规划，长期跟踪全球智库发展状况。

1994年年初，复旦发展研究院的研究团队精心策划、全力奋战数月，推出了首部重要的调研报告——《中国发展报告1993》。这本名为"重新认识中国"的研究报告，从政治、经济、文化、社会、外交等几个方面，较为全面地评述了过去一年中国改革和发展态势，从一出版便被呈上相关领导案头、走进了学者家中，并引发了社会各界的广泛关注。除了对当年形势的回顾和精准研判之外，《中国发展报告1993》中的一些观点与提法也被写入了国家文件，对政府决策作出了较大的贡献。

五　智库的主要职能

高校智库聚合，汇聚各类智库，凝聚中国智慧；研究成果转化，办好高端论坛，构筑发声平台；深化对外交流，请进走出并举，参与公共外交；培育智库人才，营造良好环境，形成人才梯队；战略媒体推广，携手主流媒体，树立品牌形象。

六　立德树人，加强人才队伍培养

复旦发展研究院现有全职研究员34人，拥有一支20多名国内外知名大学硕士研究生组成的智库营运团队。正是由于团队的高效运作，才使得复旦发展研究院能够整合复旦大学的社会科学专家资源。

复旦发展研究院坚持将高校智库建设成为思想政治教育的新阵地，建立联盟咨政研究核心人才库，构建密切联系机制；持续推出智库人员培训、智库访问学者等项目，推动理论学习，加强形势教育，聚焦政策研判，提升咨政能力，提高智库管理水平；重视对各智库青年教师、博士后、学生的聚合，储备决策咨询人才。

（一）形成以编制内人员为核心、灵活用工方式人员为主体的人员结构

复旦发展研究院现有研究员 34 人，按校内编制核岗，设立若干核心岗位，并从在编队伍中调配，依据学校相关政策采取多种灵活用工方式聘用专职学术服务人员，既保证人员的适度流动，又有利于良性竞争，提高工作效率。

（二）完善"行政职能专任制"与"项目专人负责制"相结合的运营模式

采取"一人多职、相互补充""一人负责、团队跟进""一人常驻，统筹所有"的服务模式，最大限度激发员工的工作潜能，做到"一人做多事"与"多人做一事"有机结合。

（三）加强培养学术服务人才的综合素质

为了提高学术服务人员的学术判断力和学术视野，同时确保大量综合服务工作的有序运转，复旦发展研究院为学术服务人员制订了培育计划，通过开展专题辅导讲座、学术讨论沙龙、公文写作培训班等形式，提升学术服务人员的综合素质，并为其自身未来发展创造良好条件。

（四）建设高素质人才队伍，形成咨政研究与人才培养的互动机制

复旦发展研究院致力于建立一套科学研究与人才培养相辅相成的深层互动机制，使高校智库建设呈现出"多元、开放、前沿"的育人特色。

1. 打造年龄结构合理、学科分布广泛的研究团队

在充分发挥学术领军人物作用的基础上，通过项目引导、专题约稿、邀请负责会议等形式，把各学科青年教师会聚到研究院，并为其创造展现学术研究成果及风采的平台和机会。同时，复旦发展研究院还长年招收来自国内外的访问学者访学，为其提供良好的学术研究条件，广泛吸纳校外精英。

2. 探索博士后培养与工作的有效管理机制

坚持科学研究和参与决策完美结合、现实导向和问题导向相结合的博士后培养目标，要求博士后必须全日制参加工作，在完成学术目标的同时承担必要的咨政和行政管理工作任务，实现了研究院对博士后教育的全程目标管理。

3. 创立"复旦政策规划训练营"

在充分发挥研究生"三助"制度的基础上，组织发起"复旦政策规划训练营"（PPTC），以"青年教师领衔、博士后带队、优秀研究生参与"的形式组建研究小组，将学术研究、政策研判、科研实践和学生培养紧密结合起来。

七 以国家战略问题研究为重心，整合学科力量

林尚立副院长认为："智库建设一定是从学科出发；反过来，智库建设又能促进学科发展，推动学科交叉整合。这种整合和交叉将有利于学科成长和人才培养。"[1]

中国的问题，单枪匹马地研究只能是管窥蠡测。复旦发展研究院坚持高效运转，建立功能集聚的学术服务支持系统。高效的行政服务是科研的重要保障和助推器。复旦发展研究院把成立学术服务中心作为体制机制创新的重要改革举措，通过建立完善的学术服务团队，对研究院12个跨学科研究机构实现学术服务的全跟踪、全覆盖。

复旦发展研究院是平台性的研究机构，通过项目规划、学术服务聚合和联络各类研究中心和兼职研究人员展开专项研究。目前，复旦发展研究院已经形成了包含12个研究中心（含3个海外中国研究中心）、3个常设大型论坛秘书处（中国大学智库论坛、上海

---

[1] 林尚立：《复旦大学探路新型高校智库建设》，《光明日报》光明网，2014年12月5日。

论坛、中国高校高端智库联盟)、1个市级智库管理机构(上海市高校智库研究和管理中心)、1个准社会组织(中国金融家俱乐部)组成的高校文科学术咨政复合体。其中,学术服务中心承担了复旦发展研究院全部的学术咨政管理服务和行政会务等工作。

八 构建大型数据库、促进智库建设

在服务外交层面,建立"金砖国家经贸信息共享平台",为金砖五国提供经贸和投资信息。该平台经商务部推荐,在2013年金砖国家领导人峰会上获得通过,成为2013—2014年金砖国家战略合作协议八项措施之首,还被外交部国际经济司纳入金砖国家虚拟秘书处筹建项目之中;在社情研究方面,注重全国各省社会经济信息和国内外中国问题研究等各类资料库的梳理和整合,已成立"当代中国社会生活资料中心""社会科学数据研究中心"开展专门研究;在舆情研究方面,复旦发展研究院与新浪、百度等企业开展深度合作,先后建设了"网络意见领袖长期跟踪研究""微博舆情动态分析"等一批合作数据库。

九 坚持高度开放、不断完善扩大对外学术交流机制

党的十九大报告指明了中国特色社会主义文化的前进方向,我们要敢于、善于推动社会主义先进文化"走出去",展现真实、立体的负责大国形象。复旦发展研究院坚持"走出去"和"请进来"相结合的国际化建设思路,不断拓展交流途径,坚持开放流动,健全合作机制,通过复旦学者讲好中国故事、传播中国声音。

复旦大学副校长、复旦发展研究院常务副院长林尚立认为,复旦大学近年来智库建设的探索能够初具成效,首要一点是转变观念,即"智库建设一定要打开门"。"建设新型高校智库,不仅要在校内打开门,还要向校外打开门;不仅要打开一层门,还要打开多层门；不仅学科间打开门，还要向教授打开门、向学生打开门；不仅向政府打开门，还要向社会打开门、向国际打开门。"

图3—2　复旦发展研究院"上海论坛"

复旦发展研究院开展的品牌活动有上海论坛、大学智库论坛、中德莱布尼茨论坛、复旦发展论坛等。以下主要介绍"上海论坛"及其特点。

(一)"上海论坛"的特色

"上海论坛"是目前在上海举办的最具国际影响力的品牌论坛之一。论坛创始于 2005 年，由复旦大学和韩国高等教育财团主办、复旦发展研究院承办，每年的 5 月在上海举办年会。论坛以"关注亚洲、聚焦热点、荟萃精英、推进互动、增强合作、谋求共识"为宗旨。迄今已连续举办了十届"上海论坛"，会聚海内外学、政、商三界精英 3000 余人次，围绕"经济全球化与亚洲的选择"的主题，集思广益，为上海、中国乃至亚洲的经济、政治、社会和文化的全面进步提出发展建议和决策参考。

"上海论坛"邀请了国家政要、智库首脑及诺贝尔奖获得者等精英人士担任国际顾问团成员。邀请国内外政要、著名学者以及各行各业的杰出人士在开闭幕式发表主旨演讲。作为一个开放性的国际论坛，圆桌/分论坛的承办工作向全球开放申请。迄今为止，已有近100家国内外著名高校、知名智库、跨国企业等合作承办了圆桌/分论坛，如美国彼得森国际经济研究所、波兰国际问题研究院、欧洲政策研究中心、中国社会科学院、加州大学、伦敦政治经济学院、法兰克福大学、哥本哈根大学等。嘉宾们在经济、政治、社会、文化、生态等多个领域，围绕亚洲和世界发展的战略问题进行了深入探讨，交流思想与观点。

经过十多年的发展与积累，"上海论坛"在组织运营机制上进行了一系列的大胆改革创新，并逐渐探索出了一条切实有效的发展路径。"上海论坛"与大学智库相结合，是"上海论坛"的重大创新与实践。

"上海论坛"经历了从单一到多元、从封闭到开放、从传统论坛形式到新型智库论坛的发展历程。创立之初较为传统，主要是依托复旦大学的学术资源和力量。自2012年开始，"上海论坛"创新发展理念和运营机制，积极引入国内外优秀资源，增强了论坛活力。2015年复旦发展研究院开放了所有分论坛和圆桌会议的申报工作，紧密结合智库的建设与发展，为国内外智库构建了一个共同发声和沟通的良好平台。复旦发展研究院试图通过加强公众影响力、促进国际学术交流，建立起具有中国特色的智库生态圈，也为"上海论坛"自身未来的可持续发展提供了源源不断的动力。

1. 开放办论坛，服务智库国际化

在开放办论坛的过程中，复旦发展研究院与37个国家的70家智库建立了合作关系，这些智库每年都来参加上海论坛。除了每年5月最后一周的年会之外，上海论坛还在世界各地举行学术研讨会、专家咨询会、访问学者沙龙等活动。2015—2017年连续三年在美国举办海外圆桌会议，关于中国及其区域合作等主题开展智库讨论交流，获得了海内外的热烈反响。"上海论坛"形成了规模庞大的国际顾问团，邀请了政商学界具有世界级影响力的代表加入顾问团，包括各国总统和政府首脑等。一方面他们为论坛的主题策划、议题设置出谋划策；另一方面论坛也会就亚洲与世界发展中遇到的重大问题向顾问们进行咨询，积极维护中国的利益。另外，"上海论坛"在提升自身品牌的同时，还吸引了一大批青年访问学者，尤其是来自"一带一路"沿线国家的青年访问学者，来自世界各地的31个国家的47位访问学者每年都会相聚在上海，为论坛贡献智慧和智力资源。

2. 一流的智库研究成果发布与转化平台，服务决策咨询研究

"上海论坛"形成了多种智库研究成果，也成为智库成果展示与发布平台。2015—2017年，"上海论坛"发布的各类研究成果涉及金融、科技、生态治理、网络理政等多个领域。

3. 国际合作平台，服务人文外交

中国外交呈现出很多新的特点，最显著的特征之一就是更加具有全球视野。"上海论坛"主动承担二轨外交的功能，每年平均发布观念集萃210余条、政策建议书30余篇。成功邀请许多国家政要参与论坛活动，成为中国智库研究成果转化发声、让世界了解和理解中国的重要载体，从而实现双向互动。

（二）积极拓展公共外交的有效途径

复旦发展研究院抓住了复旦大学参与孔子学院建设的契机，提出"把论坛办到国外去"的口号，先后在德国汉堡举办"中德莱布尼茨论坛"、在新西兰奥克兰举办"大洋洲中国论坛"，进一步扩大了中国学者在世界多个国家和地区的学术影响力。2014年1月，研究院副院长吴心伯等4位教授应邀出席参加了达沃斯世界经济论坛。目前，研究院正积极推进中美、中法、中俄、中欧

等定期学术对话机制的构建，在亚洲、大洋洲、南美洲等地区筹建中国问题研究中心，努力完成复旦高层次人文学术对外交往的全球布局。

(三) 相关学术研究机构

复旦发展研究院先后吸纳和培育了十余个跨学科的研究机构，并通过重点建设"中国大学智库论坛秘书处""上海市高校智库研究和管理中心"，办好"上海论坛"等国际性大型会议活动，探索建立开放、流动的人才管理运行体制，汇聚校内外各方研究力量，着力加强对金融危机、网络安全、资源环境、国际合作等全球性重大问题研究。

2017年9月，"高校高端智库联盟"成立，其是高等教育战线深入学习贯彻习近平总书记哲学社会科学工作座谈会重要讲话精神和党中央决策部署的实际行动，体现了鲜明的时代特色和高校特色，具有十分重要的现实意义和深远的战略意义。"高校高端智库联盟"首批31家联盟成员单位主要来自高校中的国家高端智库及进行智库签约的教育部人文社会科学重点研究基地等。联盟成员单位优先承办中国大学智库论坛区域分论坛、高端圆桌会议等活动。

轮值主席单位和中国大学智库论坛秘书处联合举办当年度年会子论坛及相关活动。"高校高端智库联盟"秘书处与"中国大学智库论坛"秘书处合署办公。复旦发展研究院则负责承担两大秘书处的运营工作。

十 智库的专业影响力

复旦发展研究院坚持产出高质量的研究成果，塑造决策咨询的复旦品牌，已经逐步建立并完善了学术研究成果转化机制、决策咨询信息报送机制，每年完成各类学术和政策建议报告逾100万字。

（一）主要研究成果

复旦发展研究院提供政策建议报告、论坛嘉宾观点集萃、现实热点问题分析、国际智库动态等多种决策咨询成果载体。主办有《中国大学智库动态》等内刊，没有公开出版刊物。

表3—1　　　　　　　复旦发展研究院主要研究成果

序号	类型	成果名称	作者	出版社	时间
1	内部刊物	FDDI简报	复旦发展研究院		2017年5月
2		FDDI宣传册	复旦发展研究院		2017年1月
3		上海论坛动态	复旦大学上海论坛组织委员会	—	2017年4月
4		"上海论坛"嘉宾访谈录	复旦发展研究院	—	
5		中国大学智库论坛动态（内刊）	中国大学智库论坛秘书处、复旦发展研究院	—	2016年1月
6		中国观——内部资料	复旦发展研究院、上海市高校智库研究和管理中心	—	2017年1月
7		中国观——发布资料	复旦发展研究院、上海市高校智库研究和管理中心	—	2017年1月
8		研究中心简报——2012年度国家哲学社会科学基金第三批重大项目《当代苏、浙、赣、黔农村基层档案资料搜集、整理与出版》	复旦发展研究院、当代中国社会生活资料中心	—	2016年9月18日、2017年3月16日
9		各研究中心简报——《FDFRC FOCUS·金融视界》	复旦发展研究院金融研究中心	—	2016年9月16日
10		研究中心简报——《复旦—欧洲中国研究中心通讯》	复旦—欧洲中国研究中心、复旦发展研究院、哥本哈根大学北欧亚洲研究中心	—	2013年9月、2014年3月、2015年4月
11		研究中心简报——Fudan-UC Dispatch	复旦发展研究院	—	2016年1月

续表

序号	类型	成果名称	作者	出版社	时间
12	内部刊物	《中国金融·复旦之声》	《中国金融·复旦之声》编辑部	—	2015年3月、2015年7月、2015年9月、2015年12月
13	专著	《中国经济再廿年》	张军	北京大学出版社	2014年
14		《旅行的图像与文本：现代华语语境中的媒介互动》	吴盛青编	复旦大学出版社	2016年
15		《二十世纪中国佛教的两次复兴》	汲喆等编	复旦大学出版社	2016年
16		《中印关系研究的视野与前景》	沈丹森、孙英刚主编	复旦大学出版社	2016年
17		《现代之古风：1900—1938年中国抒情传统的延续与创新》	吴盛青编	复旦大学出版社	2016年
18		《中国近世地方社会中的宗教与国家》	王岗、李天纲编	复旦大学出版社	2014年
19		《近代中国的知识生产与文化政治：以教科书为中心》	张仲民、章可编	复旦大学出版社	2014年
20		《神圣空间：中古宗教中的空间因素》	陈金华、孙英刚编	复旦大学出版社	2014年
21		《明清宁国府区域格局与社会变迁》	李甜	复旦大学出版社	2016年
22		《告别理想——人民公社制度研究》	张乐天	上海人民出版社	2012年
23		《论人民民主》	林尚立	上海人民出版社	2016年
24		《中国协商民主的逻辑》（修订版）	林尚立、赵宇峰	上海人民出版社	2015年
25		《日本政党政治》	林尚立	上海人民出版社	2016年

（二）通过各类载体建设，打造学术成果转化一流平台

复旦发展研究院组织力量全面系统梳理总结"上海论坛"与会嘉宾的观点、建议，按政治、经济、社会、环境、外交等不同主题，每年向上海市政府报送"上海论坛"系列政策建言书。

复旦发展研究院先后在美国和欧洲建立了海外中国学术研究中心，通过项目牵引、互派人员、驻地研究等机制，大力推动当地的中国问题研究，进一步增进了西方学术界对现实中国的理解。例如，2012年在美国成立的"复旦—加州大学当代中国研究中心"，举办"中共十八大与美国大选后的中美关系"和"当代中国面临的挑战"等多次大型研讨会，17场公开演讲、16场中国研究工作坊，被誉为美国学界了解中国的"新窗口"。2013年成立"复旦—欧洲中国研究中心"，由复旦大学与丹麦哥本哈根大学共建。2014年成立"复旦—蒙特雷科技中国拉美研究中心"，由复旦大学与墨西哥蒙特雷科技大学共建。

（三）进一步畅通决策咨询服务的有效渠道

复旦发展研究院先后组织撰写《双轮驱动：中国未来十年发展的战略选择》《上海创新驱动转型发展内涵和指标体系研究》《善待、善用、善管——新媒体研究》《创新驱动：建设智慧上海》等多份专题研究报告，通过学校信息直报渠道，为中央和上海的重要决策提供理论和现实依据。2013年，复旦发展研究院向中共中央办公厅秘书局、上海市委办公厅等上级部门报送专家观点近50篇，成为复旦大学报送专家观点类信息的首要来源，多篇研究报告得到上级部门的肯定和表扬。

（四）拓展与政府、企业的深度合作

复旦发展研究院能够创新思维、走出校门，充分利用社会资源，与政府部门、大型国企、校友企业开展广泛合作。例如，建立

"复旦中国金融家俱乐部"等平台，吸纳数十位金融界知名校友，定期举行会议和论坛，为国家的金融改革发展出谋划策。同时，以项目委托形式，直接服务于国家部委、地方政府和大型企业。研究院已相继承担了中联部、教育部、商务部、财政部、中国人民银行、上海市委宣传部、上海市金融办、厦门金圆集团等合作项目，定期提供高质量决策咨询服务。

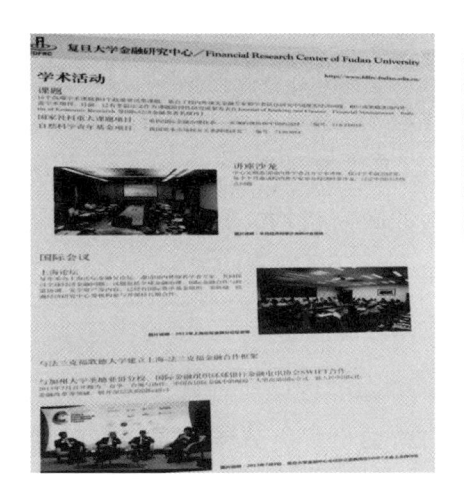

图 3—3　复旦发展研究院研究中心

十一　智库的社会影响力

复旦发展研究院非常重视智库的影响力传播，建立了综合化的传播体系，运用多种手段开展智库传播活动。其传播智库成果的方式有以下几种。

第一，复旦发展研究院建有中英文网站，中文名为"复旦发展研究院"，网址为 http：//fddi.fudan.edu.cn/；微信公众号为FDFRC；微博有4个复旦发展研究院、上海论坛、复旦发展研究院金融研究中心、复旦大学社会科学数据平台。复旦发展研究院通过以上新媒体发布、宣传智库研究成果。

第二，复旦发展研究院经常举办各种形式的研讨会、大型国际论坛活动，如"上海论坛""中国大学智库论坛""复旦发展论坛""中德莱布尼茨论坛""大洋洲论坛""上海—加州创新对话"等。

"上海论坛"是中国高校乃至非官方论坛中国际化程度最高的论坛之一。迄今已成功举办了十二届。随着国际化程度的加剧，其视角和观点也更加多元。论坛以"关注亚洲、聚焦热点、荟萃精英、推进互动、增强合作、谋求共识"为宗旨，在创办之初即以"经济全球化与亚洲选择"作为论坛的主题，以呼应新形势下经济全球化的发展趋势。随着国际力量对比和世界经济政治格局的深刻变化，推进全球治理体系改革已成为当务之急。近期论坛组委会决定将主题变更为"全球治理与亚洲"，作为未来十年论坛的聚焦方向。论坛每届有近千位来自世界各国的政府机构、知名企业、一流高校、著名智库和主流媒体精英参加会议。论坛最大的特点是"每年至少一位诺贝尔奖得主、至少一位国际政要参会"。

"中国大学智库论坛"，致力于推进中国特色新型智库建设，已将论坛打造成为中国大学智库思想的新型平台、智库优秀成果的展示和传播平台、高端智库人才的聚合平台和智库研究与决策需求的对接平台。新近成立的"高校高端智库联盟"秘书处与"中国大学智库论坛"秘书处合署办公之后，必将在原有的功能基础上，形成更为完善的协调运营体系，在中国特色新型智库建设过程中发挥更大的作用。

第三，复旦发展研究院与《人民日报》、sina 新浪财经、《第 1 财经》、《21 世纪经济报道》、《解放日报》、《文汇报》、《东方早报》和 China Daily 等主流媒体保持长期良好的战略合作关系。

十二　智库的国际影响力

高校智库应加大与各国著名高校、机构和智库的合作，在思想领域上广泛与当地交流。复旦发展研究院与美国彼得森国际经济研究所、丹麦哥本哈根北欧亚洲研究中心、德国全球和区域研究所等 15 个国家的 26 家智库开展密切合作。

复旦发展研究院下辖研究中心有金砖国家研究、传播与国家治理研究、网络安全研究、金融指数研究、人口问题研究、社会生活资料研究、灾害经济学研究等，在国内都处于领先水平。在北美洲、拉丁美洲和欧洲设有中国研究中心，并在新西兰、澳大利亚等地定期举办"大洋洲中国论坛"。

表 3—2　　　　　　　　复旦发展研究院

海外中国研究中心	复旦 加州大学当代中国研究中心	复旦 蒙特雷科技中国拉美研究中心	复旦 欧洲中国研究中心		
国际论坛	中国大学智库论坛	上海论坛	复旦发展论坛	大洋洲论坛	上海、加州创新对话
研究机构	金融研究中心/中国金融家俱乐部	传播与治理研究中心	当代中国社会生活资料中心	金砖国家研究中心	沪港发展联合研究所
	社会科学数据研究中心	中国保险与社会安全研究中心	长江经济带发展研究所	上海市高校智库研究和管理中心	

全球信息化时代，建设高端智库，已然成为一个国家"软实力"和"国际话语权"的象征。当前，学界围绕文化自信、中国特色社会主义文化、国家文化软实力等诸多议题展开了广泛的讨论。专家学者深刻认识到，没有高度的文化自信，没有文化的繁荣兴盛，就没有中华民族伟大复兴。从中国的角度来说，复旦发展研究院希望通过"上海论坛"推动"中国高校智库联盟"的建设与

可持续发展，形成智库合力，讲好中国故事；从世界的角度来说，希望复旦发展研究院开办的各种论坛活动，能够汇集中国智慧，参与、引领全球治理及治理体系变革、努力获得国际话语权。

图3—4 上海市高校智库研究和管理中心、中国高校智库论坛秘书处

第 四 章

顶天立地、理论务农

——华中师范大学中国农村研究院

一 华中师范大学中国农村研究院简介

华中师范大学中国农村研究院（Institute of China Rural Studies, Central China Normal University）是教育部人文社会科学重点研究基地，是以研究中国农村与农民问题为依托发展起来的专门性学术机构。30年来，中国农村研究院以"调查"作为立院之本，主要从事农村实地调研和提供决策咨询。其学科建设和智库建设坚持执行学院体制，长期跟踪和围绕中国农村问题展开研究和调查。拟在全球化视野下与国际学术界开展对话。与此同时，仍保持其一流的调查研究基本功，将其自身打造成为具有基础性、前瞻性、长期性、专门性的一流高校智库。中国农村研究院聚焦瞄准"建设全球顶级农村调查机构、建设全球顶级农村资料机构"的发展目标，不断推动新型智库建设和发展，现已成为教育部的签约智库。入选《中国智库名录（2015）》中211高校所属智库，2016年12月入选《中国智库索引》（CTTI）首批来源智库。华中师范大学中国农村研究院在"2017年CTTI-BPA智库最佳实践奖"评选活动中，荣获智库最佳管理类特等奖。在浙江工业大学全球智库研究中心发布的《中国大学智库发展报告（2017）》中，中国农村研究院综合排名第 19 名。

目前，中国农村研究院已经形成了以"一主三辅"为主要架构的田野调查研究体系，调查类型涵盖"百村观察""村庄调查""家户调查""口述史调查"等，并同步建立起拥有海量农村调查资料的数据存储平台"中国农村发展智库系统"，是国内高校中持续调查时间最长、人员总体投入最多、调查类别最全的单一学术机构。

现任名誉院长为徐勇教授、院长为邓大才教授。中国农村研究院坚持以学院体制为依托，以大型调查和大数据为基础，系统推进"资政育人"服务、科学研究纵深发展。现有硕博点、博士后流动站以及农村与区域发展方向的专业硕士学位（农业推广硕士）。2017年7月，在国家双一流学科建设名单中，华中师范大学的政治学被评为国家一流学科。华中师范大学中国农村研究院，是华中师范大学政治学的主体单位，其智库建设也是围绕着学科建设开展的应用研究。

二 办院宗旨

华中师范大学中国农村研究院始终秉承"顶天立地、理论务农"的宗旨，"顶天"，指背靠政府，为中央政策咨询服务；"立地"，指面向社会、面向基层，立足于地方农村研究；"理论务农"，指服务于中国的发展、服务于农村的发展。中国农村研究院最有特色的中国农村发展智库平台，是华中师范大学中国农村研究院近年来瞄准"国家急需，世界一流"的发展目标，着力打造的高起点、高水平的资政服务支撑平台。

三 主要研究领域

华中师范大学中国农村研究院主要开展中国农村经济、社会、文化、教育等方面的研究。涉及政治学、经济学、管理学等学科。

四　研究人员的管理模式

做事靠人，做大事靠团队，研究团队需要平台。华中师范大学中国农村研究院人才队伍形成了一个伞形结构。以中国农村研究院在编人员为轴心，全校相关人员参与，全省相关人员合作，全国相关人员协同，全球相关人员交流，形成多层次的开放式人才网络。例如，"满铁"调查资料的翻译是由华中师范大学俄语、日语学院的上百位师生参与完成。经过十多年的建设和发展，中国农村研究院形成了一支以"求真务实、勇于创新、甘于奉献"为核心精神，以"生动、活泼、民主、团结"为核心理念，有较强凝聚力和战斗力的优秀研究团队。2016 年，有专职研究人员 18 人，其中教授 6 人、副教授 3 人，有博士学位的 18 人、博士生导师 6 人。另有兼职研究人员 32 人，智库联盟成员 43 人。研究团队中，有 1 人为国务院学位委员会学科评议组成员、1 人为教育部"长江学者"特聘教授、1 人为教育部"长江学者"青年学者、1 人为教育部社会科学委员会委员、1 人为教育部政治学教学指导委员。

华中师范大学中国农村研究院的人员管理模式采取固定一部分专职研究人员，聘用一部分兼职研究人员的方式。设有一名专职办公室秘书承担研究院的行政管理工作，其他业务工作都是学生帮助完成。诸如数据库建设过程中的文献资料收集整理、扫描、数据录入等工作。

五　作为智库的主要功能

以一流的调查基本功建设一流的高校智库。华中师范大学中国农村研究院建设有四大支撑系统：大调查（用事实说话）；大数据

（用数据说话）；大服务（说话要有用）；大平台（让更多的人用我们的调研数据说话）。

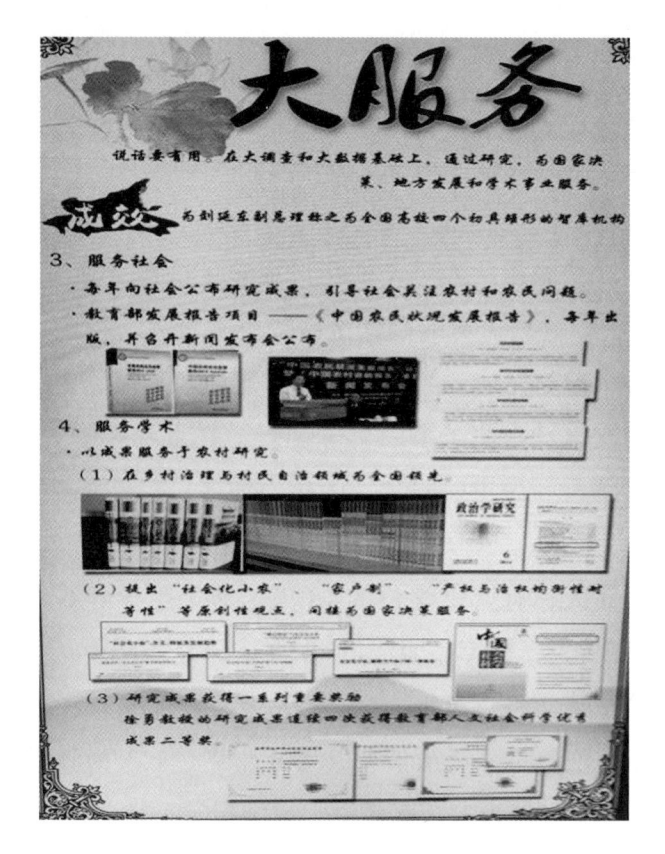

图4—1 中国农村研究院的特色大服务、大数据

作为高校智库，华中师范大学中国农村研究院将自身的研究特色作为发展的主要任务和目标，利用"功能完备的信息采集分析系统"，开展各项政策咨询服务工作。

六 智库的专业影响力

（一）共享研究成果促进学术交流

中国农村研究院定期公布研究成果，例如，连续7年发布教育部发展报告项目"中国农民状况发展报告",引导公众关注农村和农民问题。每年举办中国地方改革创新成果经验发布会,宣传推广改革典型。不定期推介智库专题研究成果,促进学术交流。其代表性研究成果有"中国农村发展智库""满铁翻译书系"和"中国农村调查书系"。经过十多年的调查研究积累,中国农村研究院现已收录了4.5万份调查问卷、18523位80岁以上农村老年人共计2.5亿字的口述史访谈资料,形成各类调查报告达1.6亿字以上。研究院主要研究人员研究成果可分为资政报告、论文、专著等。

(二) 资政报告

中国农村研究院服务国家建设成绩卓著。刘延东副总理曾高度评价,中国农村研究院为国内初具雏形的四大高校智库之一。在服务国家决策方面,研究院已经形成了"三天一报、五天一批"的机制,即每三天向党和国家有关部门呈送一份咨询报告,每五天能够得到中央领导或省部长批示的一份报告,特别是关于农村水利、农村集体经济、农村基层组织的一些调查研究成果更是被中央一号文件所采纳。大调查、大数据,都是为国家政策和研究服务的。中农智库研究人员多次受邀参加中央部委的专家座谈会。例如,2006年徐勇教授走进中南海,在中共中央集体学习会上,担任了专题讲解。在服务地方决策方面,2014年年底,在北京召开了首届地方改革创新经验发布会,徐勇教授在会上提出了四个典型,当时受到了很多地方的关注。特别是《人民日报》2015年一篇相关社论——《从人民中汲取改革智慧》,获得了国家层面的关注。同年召开的第二届创新改革地方发布会上徐勇教授提出了三个典型,同样获得了高度关注。

中国农村研究院在"大调查"的基础上,建立了独特的资政服务平台。2013—2017年,共向各级党委政府提交政策咨询报告337

篇，得到中组部、中宣部、中农办、教育部、民政部等诸多单位的批示与采纳报告达 208 份。

表 4—1　　　　中国农村研究院咨询报告送及批示、采纳情况

年份	2015	2014	2013	2012	2011	2010	2009	合计
呈送篇数（篇）	85	91	62	48	45	21	1	353
批示（人次）	44	55	23	20	20	4	2	168
采纳（篇）	9	5	11	8	14	3	2	52
感谢函（篇）		1		3	1			5

（三）论文、专著

中国农村研究院坚持以田野调查为基础，以实证研究为导向，承担了一系列国家重大科研项目，产出了一批高水平的研究成果。自 2010 年以来，中国农村研究院连续 7 年在《中国社会科学》（中英文版）发表学术论文，其中，中文发表 6 篇，占到政治学学科总发文量的 22.2%，在学界产生了较大的影响力。

在庞大的调查资料数据基础之上，中国农村研究院现已出版了《中国农村调查》《中国农村研究》等七大书系。

表 4—2　　　　　　主要研究人员出版专著情况

序号	作者	著作名称	出版社	出版年份
1	徐勇	《巴东创举：技术牵引下政府的自我变革》	中国社会科学出版社	2015

续表

序号	作者	著作名称	出版社	出版年份
2	徐勇	《反贫困在行动：中国农村扶贫调查与实践》	中国社会科学出版社	2015
3	邓大才	《国家惠农政策的成效评价与完善研究》	经济科学出版社	2015
4	徐勇	《中国老年人的政治意识与行为》（上、下册）	中国社会科学出版社	2015
5	徐勇	《思明提升：共同缔造中的基层治理现代化》	中国社会科学出版社	2015
6	徐勇	《东平崛起：土地股份合作中的现代集体经济成长》	中国社会科学出版社	2015
7	徐勇	《土地股份合作与集体经济有效实现形式》	中国社会科学出版社	2015
8	徐勇	《中国城市居民自治有效实现形式研究》	中国社会科学出版社	2015
9	徐勇	《中国农村村民自治有效实现形式研究》	中国社会科学出版社	2015
10	徐勇	《中国农村调查》（2014年卷）	中国社会科学出版社	2015
11	徐勇	《满铁调查》（第一辑）	中国社会科学出版社	2014
12	徐勇	《中国农村研究》（2014年卷上、下）	中国社会科学出版社	2014
13	徐勇	《中国农民状况发展报告2014》（政治卷）	北京大学出版社	2014
14	徐勇	《佛冈试验：可持续的新农村建设》	中国社会科学出版社	2014
15	徐勇	《海沧跨越：在共同缔造中提升社会治理》	中国社会科学出版社	2014

续表

序号	作者	著作名称	出版单位	出版年份
16	贺青梅	《小农生活社会化与民生政治》	中国社会科学出版社	2014
17	徐勇	《中国农村札记》	中国社会科学出版社	2014
18	徐勇	《中国农民状况发展报告2013》（社会文化卷）	中国社会科学出版社	2014
19	徐勇	《中国农村咨政报告》（2013年卷）	中国社会科学出版社	2014
20	徐勇	《中国农村调查》（2011年卷）	中国社会科学出版社	2013
21	贺东航	《集体林权制度改革后的乡村治理》	中国社会科学出版社	2013
22	徐勇	《中国农村农民印象·消逝的村庄》	中国社会科学出版社	2013
23	徐勇	《地方政府学》（第二版）	高等教育出版社	2013
24	邓大才	《小农政治：社会化小农与乡村治理》	中国社会科学出版社	2013
25	徐勇	《中国农民状况发展报告2012》（经济卷）	北京大学出版社	2013
26	唐鸣	《草根民主的法律规制——村民自治面临的新问题及法律制度建设》	中国社会科学出版社	2013
27	李海金	《农村灾害风险管理与减贫概论》"第二章 灾害与贫困"	华中师范大学出版社	2013
28	徐勇	《最后的农民——中国农村农民印象》	中国社会科学出版社	2013
29	刘筱红	《村庄治理中的女性：角色、地位与制度变迁》	中国社会科学出版社	2013
30	徐勇	《中国农村调查》（2013年卷）	中国社会科学出版社	2013

（四）公开出版发行的刊物

中国农村研究院主办的《中国农村研究》，是以学理研究为宗旨，以实证研究为特色，以不断推进农村研究为目标的综合性学术刊物，系CSSCI中文社会科学引文索引来源期刊（集刊、半年刊），由中国社会科学出版社出版。

七　智库的政府影响力

中国农村研究院的特色科研项目"中国农村调查"，作为中国农村研究院的世纪性学术调查工程，也是中国农村智库与一流学科建设的重点内容。该项目调查内容主要包括农民问卷调查、农民口述史调查、传统农村家户调查及农村社会惯行调查等，旨在通过实地调查获得一手涉农数据，为国家决策提供支撑，同时也以此记录中国农村社会正在发生的深刻变革，还原最完整而又最易逝的农民眼中的历史。

表4—3　　　　　中国农村研究院承担的政府委托项目

序号	项目负责人	项目名称	项目类别	立项时间
1	任路	秭归基层治理体系与治理能力现代化研究	地方政府部门人文社会科学研究项目	2015年7月27日
2	邓大才	"都江堰经验"的理论研究与成果推介	地方政府部门人文社会科学研究项目	2015年7月15日
3	邓大才	党建引领下的参与式治理创新经验总结	地方政府部门人文社会科学研究项目	2015年7月15日
4	徐勇	恩施州基层法治与社会治理创新研究	地方政府部门人文社会科学研究项目	2015年7月6日

续表

序号	项目负责人	项目名称	项目类别	立项时间
5	邓大才	农村集体经济有效实现形式研究	中央（国务院）各部委的人文社会科学研究一般项目	2015年6月30日
6	陈军亚	佛冈现代农业示范区建设	地方政府部门人文社会科学研究项目	2015年6月28日
7	熊彩云	构建传统农区土地股份合作政府长效扶持机制研究	全国哲学社会科学基金项目一般项目	2015年6月20日
8	徐勇	激活内动力：深化农村综合改革创新研究	地方政府部门人文社会科学研究项目	2015年6月19日
9	董江爱	产权视角下资源型地区政治生态的优化机理研究	全国哲学社会科学基金项目一般项目	2015年6月9日
10	董江爱	健全权力运行的制约和监督体系研究	省市自治区哲学社会科学基金一般项目	2015年6月5日
11	刘筱红	新型城镇化背景下农村进城务工女性城镇融入问题研究	省市自治区哲学社会科学基金一般项目	2015年5月21日
12	董江爱	"十三五"时期太原市推进新型城镇化路径研究	地方政府部门人文社会科学研究项目	2015年5月1日
13	陆汉文	扶贫项目影响评估	中央（国务院）各部委的人文社会科学研究一般项目	2015年4月22日
14	徐勇	地方政府与政治——教育部马克思主义理论研究和建设工程	教育部哲学社会科学研究项目一般项目	2015年4月21日
15	丁文	物权限制研究	中央（国务院）各部委的人文社会科学研究一般项目	2015年4月1日
16	李海金	增强中国国际扶贫中心开展南南合作能力（2015）	中央（国务院）各部委的人文社会科学研究一般项目	2015年3月3日
17	牛宗岭	集中连片特困地区儿童贫困及其治理机制研究——以湖北省内片区为例	教育部哲学社会科学研究项目青年基金项目	2015年3月1日

续表

序号	项目负责人	项目名称	项目类别	立项时间
18	郝亚光	协商议事会与农村基层治理创新研究	地方政府部门人文社会科学研究项目	2015年1月15日
19	贺东航	集体林权制度改革后的中国乡村治理状况研究——对闽赣14个林改试点县的实证调查	全国哲学社会科学基金项目一般项目	2014年12月22日
20	邓大才	创建熟人社区的研究	地方政府部门人文社会科学研究项目	2014年12月15日
21	邓大才	社区公共服务综合信息平台建议研究	地方政府部门人文社会科学研究项目	2014年12月15日
22	贺东航	集体林权制度改革背景下的乡村治理机制研究	中央（国务院）各部委的人文社会科学研究一般项目	2014年12月12日
23	徐勇	中国农村研究决策咨询点建设	全国哲学社会科学基金项目一般项目	2014年12月11日
24	熊彩云	农村合作组织发展与扶贫开发问题研究	省市自治区哲学社会科学基金一般项目	2014年11月4日
25	黄振华	农民工返乡创业的阻滞因素与公共创业服务体系建设——基于10个劳动力输出大省的调查	教育部哲学社会科学研究项目一般项目	2014年10月24日
26	陆汉文	集中连片特困地区区域发展与扶贫攻坚政策	中央（国务院）各部委的人文社会科学研究一般项目	2014年10月24日
27	徐勇	清远市城市基层治理创新研究	地方政府部门人文社会科学研究项目	2014年10月12日
28	邓大才	村民理事会与村级治理研究	地方政府部门人文社会科学研究项目	2014年10月9日
29	邓大才	集体经济组织与创新基层社会治理研究	地方政府部门人文社会科学研究项目	2014年10月9日

续表

序号	项目负责人	项目名称	项目类别	立项时间
30	董江爱	提高山西农村妇女当选村"两委"成员比例机制研究	中央（国务院）各部委的人文社会科学研究一般项目	2014年10月2日
31	胡平江	以村民小组为单位的村民自治实现形式研究	教育部哲学社会科学研究项目青年基金项目	2014年10月1日
32	熊彩云	中小城市农民工住房问题研究	教育部哲学社会科学研究项目一般项目	2014年9月23日
33	徐勇	巴东农民办事不出村信息服务平台——以服务为导向的基层治理研究	地方政府部门人文社会科学研究项目	2014年9月11日
34	陈军亚	对外贸易与环境保护的协调发展研究	教育部哲学社会科学研究项目一般项目	2014年9月2日
35	董江爱	中国县政改革创新研究	省市自治区哲学社会科学基金一般项目	2014年9月1日
36	邓大才	沧海区共同缔造理论提升研究	地方政府部门人文社会科学研究项目	2014年8月1日
37	徐勇	智库建设	教育部哲学社会科学研究项目一般项目	2014年7月16日
38	徐勇	教育部重点研究基地（二）	教育部哲学社会科学研究项目一般项目	2014年7月16日
39	邓大才	关于基层干部思想状况的调研	省市自治区哲学社会科学基金一般项目	2014年7月10日
40	邓大才	2014年中国贫困村基础数据库	中央（国务院）各部委的人文社会科学研究一般项目	2014年7月1日
41	邓大才	农村老年人养老服务	中央（国务院）各部委人文社会科学研究一般项目	2014年7月1日
42	陆汉文	汶川地震灾区贫困村重建后评估研究	中央（国务院）各部委人文社会科学研究一般项目	2014年7月1日
43	徐勇	基层治理与社区服务建设研究	地方政府部门人文社会科学研究项目	2014年7月1日

续表

序号	项目负责人	项目名称	项目类别	立项时间
44	徐勇	探索不同情况下村民自治的有效实现形式研究	全国哲学社会科学基金项目一般项目	2014年6月15日
45	杨嬛	生产要素均衡视角下的农业适度规模经营研究	全国哲学社会科学基金项目一般项目	2014年6月15日
46	徐勇	城乡基层治理改革与创新课题	地方政府部门人文社会科学研究项目	2014年6月1日
47	陆汉文	民营企业参与扶贫研究	中央（国务院）各部委的人文社会科学研究一般项目	2014年5月30日
48	徐勇	深化乡镇行政体制改革研究	省市自治区哲学社会科学基金一般项目	2014年5月17日
49	徐勇	以城乡一体化为导向的综合体制改革	地方政府部门人文社会科学研究项目	2014年5月10日
50	郝亚光	沧海基层治理体制机制创新研究	地方政府部门人文社会科学研究项目	2014年4月16日
51	李海金	《国际减贫动态》：社会发展项目	中央（国务院）各部委人文社会科学研究一般项目	2014年4月15日
52	李海金	以公共参与推动社区治理——湖北城市社区治理中的公共参与研究	省市自治区哲学社会科学基金一般项目	2014年3月20日
53	黄振华	农民城镇化的意愿、需求与治理策略研究	省市自治区哲学社会科学基金一般项目	2014年3月20日
54	刘筱红	"新四化"背景下湖北省农村留守妇女生存与发展状况调查及政策建议	省市自治区哲学社会科学基金一般项目	2014年3月20日
55	徐勇	"幸福村落"治理模式理论总结	地方政府部门人文社会科学研究项目	2014年3月18日
56	邓大才	"幸福村落"模式的深化研究与推介	地方政府部门人文社会科学研究项目	2014年3月18日

续表

序号	项目负责人	项目名称	项目类别	立项时间
57	贺东航	农村土地制度改革与集体林权流转实证分析研究	中央（国务院）各部委的人文社会科学研究一般项目	2014年2月26日
58	徐勇	星光发展模式研究	地方政府部门人文社会科学研究项目	2014年2月24日
59	贺东航	林业合作组织与林业社会服务化体系研究	中央（国务院）各部委人文社会科学研究一般项目	2014年2月21日
60	贺东航	明晰产权、承包到户历史遗留问题及对策实证研究	中央（国务院）各部委人文社会科学研究一般项目	2014年2月20日
61	贺东航	2014年林改跟踪调查	地方政府部门人文社会科学研究项目	2014年1月1日
62	徐勇	共同缔造与社会管理创新	地方政府部门人文社会科学研究项目	2013年12月31日
63	徐勇	基层民主发展的途径和机制：权利保障和社区重建	全国哲学社会科学基金项目一般项目	2013年12月19日
64	邓大才	农村老年人空巢家庭问题研究数据使用	中央（国务院）各部委人文社会科学研究一般项目	2013年11月27日
65	徐增阳	武汉市农民工的利益诉求与表达	省市自治区哲学社会科学基金一般项目	2013年11月25日
66	贺东航	武陵山区的开发与治理研究：以生态文明为视角	地方政府部门人文社会科学研究项目	2013年11月25日
67	贺东航	恩施市综合扶贫改革研究	地方政府部门人文社会科学研究项目	2013年11月20日
68	刘义强	增强中国国际扶贫中心开展南南合作能力	中央（国务院）各部委的人文社会科学研究一般项目	2013年11月18日
69	邓大才	中国农村数据库项目	中央（国务院）各部委人文社会科学研究一般项目	2013年11月18日
70	邓大才	以产权改革为导向的农村综合体制改革（山东）	地方政府部门人文社会科学研究项目	2013年11月15日
71	邓大才	以产权改革为导向的农村综合体制改革	地方政府部门人文社会科学研究项目	2013年10月15日

续表

序号	项目负责人	项目名称	项目类别	立项时间
72	徐勇	以"共同缔造"提升社会管理水平	地方政府部门人文社会科学研究项目	2013年10月15日
73	徐勇	中国农民状况发展报告	教育部哲学社会科学研究项目一般项目	2013年10月12日
74	徐勇	和谐社会构建中的基层民主政治建设研究	教育部哲学社会科学研究项目重大课题攻关项目	2013年10月12日
75	贺东航	中国林改村跟踪观察	中央（国务院）各部委人文社会科学研究一般项目	2013年9月23日
76	李海金	增强中国国际扶贫中心开展南南合作能力	中央（国务院）各部委的人文社会科学研究攻关项目	2013年7月17日
77	郝亚光	佛冈县新农村建设改革创新研究	地方政府部门人文社会科学研究项目	2013年7月2日
78	刘筱红	"四化同步"发展背景下的农村留守妇女家庭离散问题治理及公共政策研究	全国哲学社会科学基金项目一般项目	2013年6月10日
79	李海金	产业扶贫规划与扶贫政策研究	中央（国务院）各部委人文社会科学研究一般项目	2013年5月20日
80	郝亚光	东莞市水乡地区民生发展规划编制	地方政府部门人文社会科学研究项目	2013年5月7日
81	李海金	增强中国国际扶贫中心开展南南合作能力（《国际减贫动态》社会发展项目）	中央（国务院）各部委人文社会科学研究一般项目	2013年4月23日
82	丁文	土地征收制度改革的法律保障研究	中央（国务院）各部委的人文社会科学研究重点项目	2013年4月18日
83	李海金	中日城镇化进程中的基层治理比较研究	中央（国务院）各部委的人文社会科学研究一般项目	2013年4月15日
84	陆汉文	全国连片特困地区区域发展与扶贫攻坚规划研究	中央（国务院）各部委的人文社会科学研究一般项目	2013年1月8日
85	邓大才	培源新型经营主体与商品粮供给关系研究	中央（国务院）各部委的人文社会科学研究一般项目	2013年1月1日

表4—4　　　　　　　　智库为政府培训人员情况

序号	培训名称	委托单位	参加人数	举办时间
1	邓大才教授为湖北省2015年新招录的选调生做岗前培训	中共湖北省委组织部	796	2015年7月28日
2	"美丽厦门共同缔造"试点工作专家研讨会	福建省厦门市人民政府	170	2013年12月2日
3	"基层民主建设与农村发展"讲解	湖北省委组织部	120	2013年10月7日
4	为中部地区县市科技局长研讨班作专题讲座	科技部	150	2013年9月25日
5	"新农村建设与科技支撑"专题讲座	科技部	150	2013年9月25日
6	省委决策支持顾问	湖北省委	100	2013年6月8日
7	"现代化进程的节点与政治转型"的演讲	教育部	50	2013年5月31日
8	教育部智库建设座谈会	教育部	50	2013年5月30日
9	"加强农村基层政权建设"重大委托课题	民政部	130	2013年5月12日
10	徐勇教授为广东省农村工作研究班作"基层政治及乡村治理"专题报告	中共广东省委农村工作办公室	60	2015年7月13日
11	徐勇教授在"乡村治理"大会发言	农业部农村经济研究中心	300	2015年5月30日
12	徐勇教授为成都村政学院作《现代化视野中乡村治理机制研究与探索》专题辅导讲座	成都村政学院	150	2015年5月14日

续表

序号	培训名称	委托单位	参加人数	举办时间
13	邓大才教授作主题为"学习贯彻十八届四中全会精神，创新社会治理、深化平安建设"的授课	湖北省社会管理综合治理委员会	150	2014年12月4日
14	徐勇教授给湖北省委中心组成员讲课	中共湖北省委政法委员会办公室	50	2014年10月21日
15	徐勇教授为湖北省委政法委机关干部作"社会治理体系创新"专题报告	中共湖北省委政法委员会	180	2014年9月26日
16	贺东航出席省政协十一届一次会议并积极建言献策	湖北省政协	100	2014年1月21日
17	邓大才"美丽厦门共同缔造"试点工作专家研讨会	福建省厦门市人民政府	50	2013年12月2日
18	刘筱红等"关爱农村留守老年妇女服务体系试验"	加拿大发展基金	35	2013年10月9日
19	刘义强"中外减贫案例编译项目"	中国国际扶贫办	50	2013年9月27日
20	徐勇为中部地区县市科技局长研讨班作专题讲座	科技部	100	2013年9月25日
21	徐勇在"中国农村研究院与蕉岭县战略合作研讨会"上发言	广东省蕉岭县	150	2013年8月27日
22	徐勇"现代化进程的节点与政治转型"专题讲座	广东省委宣传部、省社科联	50	2013年8月24日
23	黄振华等课题组成员赴山东东平县开展"农地产权经营改革"主题调研	山东省东平县	50	2013年8月21日
24	徐勇等赴广东省佛冈县调研新农村建设	广东省佛冈县	50	2013年8月12日
25	徐勇做"践行群众路线，创新社会管理"专题辅导报告	福建省厦门市委理论学习中心组	100	2013年8月6日
26	邓大才2013年新选任的选调生授课	湖北省委组织部	50	2013年7月25日

续表

序号	培训名称	委托单位	参加人数	举办时间
27	邓大才受邀出席"农业农村热点问题"座谈会并做发言	农业部政策法规司	60	2013年7月17日
28	邓大才等参加"农业农村热点问题"座谈会	农业部产业政策与法规司、吉林省农委	30	2013年7月17日
29	徐勇"新农村建设"项目调研	广东省佛冈县	35	2013年7月12日
30	邓大才带队"城镇化进程中贫困问题"调研	国务院扶贫办	50	2013年7月1日
31	徐勇"城镇化进程中农村社会福利与慈善事业发展问题"	民政部社会福利和慈善事业促进司	100	2013年6月18日
32	徐勇作为省委决策支持顾问发言	湖北省委	50	2013年6月8日
33	邓大才作为审查工作组专家作报告	广东省社会主义新农村建设试验区（佛冈）管理委员会	45	2013年5月21日

图4—2 中国农村发展智库平台

目前，中国农村发展智库已与中央各个部委建立起长期稳定的合作关系，在基层进行的村庄选取与农户长期观察工作也十分稳定。为提升资政建言服务能力，2009年，中农智库在大样本调查的基础上，开始关注地方改革。中国农村研究院主动与广东省云浮市、东莞市、清远市及蕉岭县，福建省厦门市，四川省都江堰市；湖北省恩施市州、秭归县、巴东县，山东省东平县等地方政府建立战略合作关系。直接参与指导地方进行农村改革实践，及时分析、总结地方改革创新经验。

八　智库的社会影响力

中国农村研究院建有中英文网站，中文名为"华中师范大学中国农村研究网"，网址为http//www.ttcrp.cn/，其通过网站和微信公众号（CCNU－CCRS）及"中国农村数据库系统"（中文）宣传其研究成果。此外，智库研究人员参与政府的决策咨询活动、召开新闻会议、研究人员发表重要的学术理论成果等方式也是很好的宣传智库及其研究成果的途径。

（一）国内主流媒体对智库的报道

表4—5　　　　　　　　　报刊

序号	文章标题	报刊名称	版面	发表时间
1	《建构多层次多类型的村民自治实现形式体系》	《中国社会报》	专辑 社会科学1辑	2014年6月9日
2	《找回自治：探索村民自治的3.0版》	《社会科学报》	第1版	2014年6月5日
3	《国家一级博物馆如何发挥引领帮扶作用》	《中国文物报》	第1版	2013年11月13日
4	《徐勇：从田间地头讲到中南海》	《楚天金报》	头版	2013年7月2日
5	《打造"三农"高端智库》	《光明日报》	第11版	2013年5月31日

表4—6　　　　　　　　　　　电视频道

序号	电视频道名称	栏目名称	宣传主题	时间
1	CCTV央视网	看东方	我国整体农民政治能力处于中等水平	2015年1月9日
2	武汉教育电视台	教视新闻	华中师范大学发布《中国农民政治发展状况报告》	2014年11月4日
3	海网宽频	时事新闻	我国整体农民政治能力处于中等水平	2014年10月31日
4	优酷时政频道	河池新闻	探索村民自治的有效实现形式高端研讨会在宜州召开	2014年7月2日
5	凤凰卫视	金石财经	内地推行政审批改革 欲建"小政府大社会"	2013年8月23日
6	CCTV新闻网	新闻直播间	《中国农民经济状况报告》在北京召开，会议指出，外出务工成为农民主要收入来源	2013年8月21日

（二）研究成果获奖情况

目前，中国农村研究院已向中央和地方政府有关部门提交政策咨询报告数百余篇，其中多份政策咨询报告被总书记、总理、中央政治局常委、副总理等批示。也曾得到中组部、中宣部、中农办、教育部、民政部、水利部、文化部、交通部、公安部、人保部、国家林业局、国务院扶贫办、国家老龄委、湖北省委省政府等单位采纳。研究成果获奖方面，智库负责人徐勇教授的科研成果曾连续四次获得了教育部人文社会科学优秀成果二等奖。2010年、2011年，中国农村研究院连续两年荣获教育部社科司的优秀咨询报告奖；2009年、2010年连续两年获得湖北省优秀调查成果一等奖。

（三）学术贡献

中国农村研究院坚持五项原则：长期的战略规划，充分的资源支持，广泛的人员参与，高效的管理机制，坚韧的毅力和精神。高校智库服务社会方面，中国农村研究院是教育部的农村问题发展报告承担单位，每年会召开相应的新闻发布会。在服务学术方面，中国农村研究院最大的学术贡献，是在村民自治研究领域，有很多权威书系作为研究成果，其作者都是知名的政治学理论大家。他们提出了"社会化小农""家户制"的原创性观点。

九 智库的国际影响力

（一）研究人员的国际化程度

2016年，中国农村研究院有海外留学人员3人，20人拥有海外访学的经历。

表4—7　　　　　　　　　　研究人员

类别	基地人员	博士后	博士	硕士
数量（人）	50	14	181	1010

（二）多途径与国际机构开展合作

中国农村研究院积极贯彻"走出去"的发展战略，积极拓展国际学术交流途径与合作方式，先后与美国哈佛大学、斯坦福大学、杜克大学，澳大利亚塔斯玛利亚大学、新加坡国立大学、丹麦奥胡斯大学和中国台湾大学等高校建立了合作机制。

（三）与智库合作的国外智库数量

2007年，中国农村研究院与丹麦奥胡斯大学东亚系达成协议，共同设立了"中欧农村比较研究中心"；2008年，中国农村研究院与中国台湾大学社会科学院签订了合作研究协议，共同成立"海峡两岸地方与农村治理比较研究中心"。

（四）主要研究人员参加国际会议论坛、访学交流

近年来，中国农村研究院曾先后与境外有关学术机构在新加坡、印度、丹麦、澳大利亚和中国大陆共同举办国际学术研讨会10

余场次。先后接收境外访问学者30余人次，派出学者赴境外访学和出席国际学术会议100余人次。

十　中国农村发展智库

中国农村发展智库以一流数据库支撑一流资政服务。中农智库于20世纪80年代开始了"调查驻村"乡村治理基本研究范式。在30多年的调查研究过程中，已经形成了长时段跟踪调查、大样本定点调查、深层次挖掘调查、个案法调查、综合性比较调查等研究方法。2006年，中国农村研究院开始尝试在中国农村选取100个村进行为期10年的观察研究，主要记录中国农业、中国农村在国家政策指导下产生的变化，并记录中国现代化转型过程中的农村和农民现状。中国农村研究院承接了部委的专题性调查项目，完成这些项目研究都是建立在大样本调查基础之上的。

从2015年起，华中师范大学中国农村研究院进行了进一步扩展性的调查，具体内容是"一主三辅"的学术和文化工程。"一主"还是中国农村调查，第一，跟踪百村观察计划。第二，七大区域的村庄调查，具体指徐勇教授将中国的农村分成了七个不同区域进行特定的观察。第三，农家户制度调查，在农村制度方面主要有三大制度——部落制、村社制、庄园制，通过其研究来提出与这些制度相提并论的中国制度。第四，农民口述历史的调查，主要围绕土改和农民的关系，对农民进行口述史访谈，访谈的农民要求必须在80岁以上，才能了解土改当年的历史。拟通过这种方式来记录大历史事件中，作为小人物的农民的发展历程。第五，农民的惯性调查、专题调查。"三辅"则是对中国和世界留存的大量农村资料的整理研究和翻译。首先，是满铁农村调查。满铁是20世纪上半叶对中国的东北和华北地区进行为期40年的跟踪观察，这是研究中国的宝贵资料。还有对俄国农村调查资料的翻译整理，翻译目标是1亿字。研究院同时在海内外积极开展研究项目，如中国台湾、日本、韩国、印度等国家和地区的长期试点跟踪研究。

中国农村研究院、中国农村发展智库是二位一体的结构，中国农村发展智库依托于中国农村研究院进行建设与开发，是中国农村与农民问题研究的实体机构，是国办、教育部等信息呈报单位，也是湖北省委、省政府办公厅指定的信息报送单位。2016年12月，中国农村发展智库入选《中国智库索引》CTTI首批来源智库；2017年成为教育部签约智库。2015年1月，中国农村发展智库根据国家出台的相关政策和意见，结合其长期决策咨询服务的实际情况，决定着重建设三个方面，形成其特色与定位。一是以农村与农民问题研究作为长期关注的决策咨询研究领域；二是构建一个性能完备、功能强大的中国农村数据库信息采集和分析系统；三是逐步形成多层次的调研基地以及研究成果转化体系。

目前，中国农村发展智库已经形成"五位一体"的建设机制，即以服务国家农村决策为导向，以大型调查和大型数据库为支撑，以海外农村调查和翻译为借鉴，以机制体制创新为平台，以一流的学术研究为目标，建设一流的高校智库。

中国农村发展智库拟实现三个发展目标：一是进一步拓展学科的融合性，在研究中国农村农民问题时，不仅考虑政治学、经济学，还要考虑历史学、民族学、社会学等其他学科知识，并组建一支跨学科、多层次、开放性的研究人才队伍；二是能够提升学术原创性，通过实证调查研究建设中国政治科学，凸显中国农村问题研究的科学性；三是能够增强学界的对话性，通过海外农村调查和农村资料翻译工程，开展中外基础理论与地方治理比较研究。

中国农村发展智库包括五大子系统：中国农村数据库、中国农村社会调查系统、中国农村社会动态跟踪系统、中国农村村情观测系统、中国农村智能决策系统。

图4—3 中国农村数据库平台

（一）中国农村数据库

中国农村数据库的建设目标是达到"一库知农"。通过记录收集的基本数据，汇集各类调查资源，将历年搜集整理的调查数据、研究数据、文本数据、影像数据数字化，打造成为"数字三农"平台，实现"一库知农"的良好效果。目前，中国农村数据库已经建立有近百年来各类农村调查数据；地方基层数据，包括县志、乡镇志、村志及族谱、家谱、村庄档案；国外优秀的调查资料，主要有英国人对印度的农村调查、俄罗斯的农村调查等。能够为城乡对比、中外对比、历史对比研究提供可靠的数据支持。

新版的农村调查数据库，主要包含农民口述史的调研。例如，调查农民与土地的关系，以农民个人为例，探究大历史事件中小人物的历程。以调研员××为例子，点击××农民的基本资料，可以看到这是河南省焦作市范庄村所做的×××老人的口述史访谈。将基本资料上传后，对访谈资料进行整理，可以得到结构化的数据，它也兼具统计分析功能。收集的方志资料中，村庄档案有6675份，值得一提的是关于"吉林省北老壕村"的1952—1998年的档案，是农村研究院的镇院之宝。

(二) 中国农村社会调查系统

中国农村社会调查系统的建设目标是实现"中国农村变迁演化图"。具体内容包括全国60万个村庄的人文数据、自然数据；通过建立信息化调查平台，实现"调查数字化"。让中央领导及有关部门可以清楚了解村庄实景及最近10年的变迁。

例如，查询2015年寒假调研的第一手农村资料，首先，可以看到研究人员设计的村庄调查问卷，主要是关于农村家庭基本信息、基本经营情况、固定资产的状况。然后，随机点开一份问卷编码，可以还原原始的问卷状态，能够看到调查对象人物的基本个人情况、基本家庭构成情况。以2014年暑假农户问卷为例，以家庭人口为指标，可以查询到湖北省和全国人均家庭人口的情况，呈现为全省是4.23人，全中国是4.21人。

(三) 中国农村社会动态跟踪系统

该系统以信息网络技术为基础，实时捕捉网上的动态新闻。通俗地说，即以互联网舆情监测技术为基础，针对互联网传播过程中关于农村问题的特定事件进行全网域、全时段、全天候的跟踪观测与实时记录，并对相关事件进行统计分析，从而实现对农村社会动态的第一时间发现和持续不断地跟踪，对特定事件进行事前预警，对特定问题进行省份评估、市县评估，实现了对中国农村社会的"动态观察"。

例如，点击媒体分析，以上访事件为例。如某年3月26—28日主流媒体报道的农民上访事件的各个网站，以及其发布文章的多少、占比情况。接着看危机预警：仍然以上访事件为例，系统会以中国地图的形式呈现出来，通过图中颜色的深浅判定舆情指数的高低，如北京最高。还有舆情度排行榜，能够显示某年3月22—28

日，互联网上就农民上访事件最关注的排名前十名的新闻。再看事件分析：可以为多件事情进行动态评估，如事件发生的频率分析等。以房屋拆迁为例，选择时间段，能够以折线的形式呈现出房屋拆迁事件的频率发展变化情况，便于研究观察事件发展的趋势。此外，还可以根据事件的参与人数、地域分布、事件原因进行分析。

中国农村研究院的研究员根据以上这些数据撰写《中农动态简报》，其中第一期就得到了中宣部舆情处的高度重视。

（四）中国农村村情观测系统

该系统是以 WEBGIS 地理信息技术为基础，进行人文和地理信息结合的系统。主要是借助网络地理信息技术（WEBGIS），对全国 60 万个村庄进行"数字化"，让决策部门、科研部门足不出户就能够迅速看到、找到自己想看的村庄，及时了解和掌握农村的基本信息、发展和变迁情况，为学术研究和政策决策提供大数据支持。该系统的建设能够使全国村庄"一网打尽""一目了然""一应俱全"，实现农村数据资源的整合、统计分析及动态更新。

（五）中国农村智能决策系统

该系统的建设目标是按需仿真和智能决策。采用智能高科技手段，对未来农村的发展走向进行分析和预测。2010 年开始，中国农村研究院将搜集到的所有大数据、大试验的数据进行了规划和分类，拟通过大数据构建数据库，将海量数据进行智慧管理，形成智能决策咨询系统。目前，中农智库已经可以通过其所建设的"中国农村数据库""中国农村村情系统"和"中国农村智能决策系统"三大数据库系统，使海量数据自动生成一些具有共性的、抽象的，或是深度的可供业界参考的研究结论。

智库提供的不仅仅是战术性的咨询服务，更应具有战略的、宏观的和超前的意识。在探讨一些具体问题或进行具体专题性调研工作时，中国农村研究院意识到很多问题必须回溯中国历史的发展进程,回归到中国国情中去思考。因此,2015年,中农智库启动了"深度调查中国项目",并从中分解出很多小的子项目,包括比较中国不同地区农业文化的"七大区域的村庄调查";记录中国农业文明个体生活的"农民口述史调查""农村妇女口述史调查";追溯国家土地政策变迁及效益的"土地与农民六十年关系调查";探索中国农业文明底色的"家户调查"。通过开展"深度调查中国项目",中农智库致力于为建设中国道路、中国特色社会主义提供理论方案。

十一 能力优先,阶梯培养,创新人才培养方式

为了培养适应中国农村研究院可持续健康发展的人才队伍,本着"高门槛、高要求、高水平"的要求,中国农村研究院创新研究生培养模式,依托华中师范大学人文社会科学高等研究院组建"调查研究基地班",开辟"人才特区",于2012年成立了"农村调查研究基地班"和"海外农村调查研究基地班"。在人文社会科学领域率先打破个人导师制,以"导师组"形式开展人才培养。研究生不分导师、统一学习、统一调研。设有两个课堂,两个老师,一个是学校老师、一个是农民。

中国农村研究院大胆创新人才培养方式,努力打造人才基地班。中农院将田野调查方法融入培养学生的各个环节,以"开放式"的办学方式聚合培养资源,以"实践型"的学习方式提升学生综合能力,以"流程化"的培养方式激励学生的学习动力,以"阶梯式"的成长机制挖掘学生的巨大潜质,以"系统化"的管理方式盘活管理机制体制,逐步探索形成了一条行之有效的人才培养路径。目前,中国农村研究院已培养了611名硕士、博士,其中的4篇博士学位论文获"全国百篇优秀博士学位论文奖",1篇博士学位论文获"全国百篇优秀博士学位论文提名奖"。通过"能力导向型"的培养模式,中国农村研究院的毕业生在"择业难、就业慢"

的大环境下,就业率非常高,连续三年就业率达到95%,毕业生就业前景令人欣喜。

十二 构建大型服务平台

"中国农村研究网"建立有五大服务平台:"中国农村百村观察"调研观察平台;"中国农村研究院资料中心"文献资料平台;"中国农村研究网"网络信息平台;"中国农村数据库"数据信息平台;"中国农村博物馆"展示平台。中农智库通过这些平台开展研究与服务工作。

十三 存在的主要困难

第一,中国农村研究院的研究经费主要来源于教育部人文社会科学重点研究基地的财政拨款,较为紧张,缺乏稳定的经费支持。第二,高校现有的科研管理体制对智库发展存在较大限制,需要改革。第三,研究人员流动及高端人才引进有难度。

十四 研究中心简介

中国农村研究院下辖8个研究中心:海外农村研究中心,主要从事海外农村和农民学翻译、海外农村实地调查、中国与海外农村比较研究;农村林业改革研究中心,主要从事林权改革与乡村治理研究;农村妇女研究中心,主要从事农村妇女问题研究;连片特困地区研究中心,主要从事连片特困地区区域发展和扶持攻坚研究及咨询服务;农村和农民史研究中心,主要从事农村和农民发展史研究;城乡基层法治研究中心,主要从事基层法治问题研究;中欧农村比较研究中心;两岸农村比较研究中心。

十五 美好的发展愿景

中国农村研究院将坚持一流的调查基本功,决心将中农智库建设成具有基础性、前瞻性、自主性、长期性、专门性的一流高校智库。

（一）不断拓展学科融合性

通过创新平台机制，不断激发团队的活力，吸引海内外相关学科一流人才，组建跨学科、多层次、开放性的研究人才队伍。

（二）大力提升学术原创性

通过实证调查研究建设中国政治科学，凸显中国农村问题研究的科学性，引领学界"中国农村研究"。

（三）着力增强学界对话

通过海外农村调查和农村资料翻译工程，开展中外基础与地方治理比较研究，对话国际学术界。

第 五 章

中国言说世界的新话语
——浙江师范大学非洲研究院

图5—1 浙江师范大学非洲研究院

一 浙江师范大学非洲研究院简介

浙江师范大学非洲研究院（Institute of African Studies of Zhejiang Normal University），成立于2007年9月，其是在教育部、外交部支持下建立的中国高校首家综合性、实体性非洲研究院。经过10年的持续发展壮大，非洲研究院已经成为具有广泛影响力的中国非洲研究机构和国家对非事务智库。

浙江师范大学非洲研究院是浙江师范大学省级重点大学建设的品牌学科，由浙江师范大学党委书记、校长担任学科建设委员会主任，由教育部"长江学者"特聘教授、浙江省"钱江学者"特聘教授、"中非友好贡献奖"获得者刘鸿武担任院长和学科带头人。该研究院是教育部区域和国别研究基地、教育部浙江师范大学中国南非人文交流研究中心、外交部"中非联合研究交流计划指导委员会指导单位"和"中非智库10+10合作伙伴计划"中方智库、教育部"中非高校20+20合作计划"单位、浙江省2011年协同创新中心、浙江省哲学社会科学重点研究基地。

浙江师范大学非洲研究院下设非洲政治与国际关系、非洲经济、非洲教育、非洲历史文化4个研究所及研究院行政办公室、科研与国际合作办公室，创办有"中非智库论坛"。建有典藏丰富的非洲博物馆、非洲翻译馆、图书资料中心和非洲特色数据库。还设有《非洲研究文库》《哲学社会科学发展报告——非洲地区发展报告》《非洲研究》编辑室，及研究院学术委员会、院务委员会等机构，其与10余个非洲国家的大学建立有长期合作关系，联合培养研究生。并在喀麦隆、莫桑比克、坦桑尼亚建有孔子学院和海外研究基地，在南非设立了分院。

2017年1月，目前最权威、最具影响力的全球智库评价报告《全球智库报告2016》中，浙江师范大学非洲研究院入选全球

"2016年度最佳区域研究中心（大学附属）"。在该榜单22家入围智库机构中仅有3家中国智库机构上榜。2016年12月入选《中国智库索引》（CTTI）来源智库。在浙江工业大学全球智库研究中心发布的《中国大学智库发展报告（2017）》中，非洲研究院综合排名第30名。

二　办院宗旨

浙江师范大学非洲研究院按照"国家急需、世界一流"的目标，以"当代非洲发展问题"与"中非合作关系"为主攻方向，秉持"非洲情怀、中国特色、全球视野"的治学理念，致力于服务国家外交、地方建设及学校发展。努力构建一个学科综合、队伍一流、管理先进，集学术研究、人才培养、政策咨询、国际交流于一体的新型高校智库。

三　主要研究领域

浙江师范大学非洲研究院主要开展国际问题研究，多年来紧紧围绕着国家发展大局与中非合作大势，结合两个研究方向，正好契合了"国家发展"的主题。重点研究领域为非洲历史文化、教育、宗教、民族等问题，并在相关研究领域深入开展基础理论与应用对策研究。

四　人员的管理模式

浙江师范大学非洲研究院拥有一支立志非洲研究事业的团队，45人的专职科研队伍与6人的管理队伍，另有兼职人员29人，属于专兼职结合模式。

浙江师范大学非洲研究院目前已拥有教授4人、副教授15人，均有赴非洲国家访学和考察的经历。迄今已获得国家社科基金一般项目、青年项目、后期资助项目累计达 17 项，是国内各类科研机构中承担非洲研究国家社科基金项目最多的研究机构，成为一支名副其实的承担大量国家非洲研究课题的国家级研究团队。

院长刘鸿武教授认为一个好的智库，需要有充足的经费、大型的平台和稳定的人才队伍。办智库和办公司一样，需要清楚智库的核心竞争力、服务对象、服务途径等，弄清楚这些问题之后再考虑让谁去做。企业必须有很好的研发人员和管理团队，智库也一样，也需要有自己的强力研发和销售人员（占到一半以上）。智库是大型的知识企业，要生产、运作、包装、销售，要找开发商和市场。剩余的另一半或者四成则需要智库自己的分析师，在大学里叫教授，在智库则叫情报分析人员或研究员。

中国的高校智库有一个共同的特点，就是其研究人员多半属于高校事业编制，通过这些人员的相关研究来发挥智库的功能。高校的功能从以前的学术研究、人才培养、社会服务，到现在多了一个智库功能。现在更多地做政策研究，即走出校门和政府对接，所以，现在绝大多数智库的工作人员就是原来的教授。但是在未来，在高校中会出现一种趋势，扮演智库角色的研究院、研究所、研究中心等，研究人员会走双轨制，即一部分是大学里事业单位编制的专职教师，拿国家的固定工资，但也会承担一些智库研究的工作任务，获取一定的劳动报酬、增加个人收入。另外一部分是高校智库利用获得的研究经费，在校外聘请专职智库研究人员，例如，非洲研究院就尝试采取这种方式，拟聘请 2 年制的短期社会科研人员或者国外的专家学者，或者以项目制的方式，比如 20 万、50 万的研究经费承担课题研究任务，通过智力产品获取报酬。

五　研究经费的主要来源

关于非洲研究院研究经费的来源，刘鸿武院长的回答是："我们会通过多元筹措经费。"主要来源有重点高校建设经费、协同创新中心建设经费、学科建设经费、国家部委委托课题经费、国家社科基金和国际组织课题经费等。

浙江师范大学非洲研究院首先是高校智库，当然会有来自高校的事业单位拨款，有人头费、基本业务的维持费。同时，最近几年主要是通过各种途径申请纵向和横向的课题、基金项目，有来自于外交部、全国哲学社会科学规划办、教育部、商务部的，也有来自国际组织、浙江省的纵向基金项目，以及地方民营企业的横向课题经费等。总体上，实现了以国家的财政事业经费投入为辅，申请各类课题经费为主的智库自我运作、自我筹款、自我维持的良性规律。

六　智库的专业影响力

（一）公开出版发行刊物

浙江师范大学非洲研究院主办有院刊《非洲研究》，是专门以非洲为研究对象的综合性刊物，创办于2010年，由中国社会科学出版社出版，每年出版两期。《非洲研究》开设有"非洲研究理论与方法""非洲政治与国际关系""非洲历史文化""非洲经济与发展""中非合作关系""书评""大使访谈""非洲田野调研""会议综述""资料库"等栏目，主要刊发国内外学者、外交官的最新研究成果与思想智慧，并与国内外相关学术机构建立了学术交流机制。至2016年年底，已出版十多卷，累计推出了一百多篇各领域学术论文。

区域国别研究和智库成果发布平台有《非洲地区年度发展报告》（定期）、《非洲研究智库专刊》（每月呈报若干期）、《成果要报》（每月编撰若干期）、《非洲研究通讯》（每月一期）。

（二）主要研究成果

非洲研究院的研究成果大体可分属4个领域：一是对于构建有

特色的中国非洲学的理论思考体系；二是对于非洲政治经济与中非关系的研究；三是对非洲文化艺术与历史的研究；四是对非洲教育与中非教育合作的研究。

非洲研究院先后在《世界经济与政治》《财政问题研究》《金贸实践》《浙江师范大学学报》等期刊上开办了非洲研究专栏，推出系列论文，此外还在《现代国际关系》《国际观察》《世界知识》《光明日报》《人民日报》等重要报刊发表了一系列论文。其中有的论文被人大报刊复印资料全文转载，有的得到外交部领导的好评。

科研成果产出情况，迄今已累计出版各类《非洲研究文库》学术著作、译著和专题研究报告75部（卷）；在国内外刊物上发表论文300多篇；在国际上主办了"中非智库论坛""中非媒体智库研讨会"等一系列影响广泛的重要学术会议；编撰出版的教育部哲学社会科学年度报告《非洲地区发展报告》及非洲研究院专业期刊《非洲研究》已成为中国非洲研究的重要品牌。

《浙江师范大学非洲研究文库》，由刘鸿武教授担任总编，非洲研究院组织国内外专家学者撰写出版的八大系列120卷丛书，也是新中国成立以来规模最大的非洲研究文献集成，系国家"十二五"重点出版项目，现已出版30多卷，获得外交部、教育部、中国社科院的高度重视和大力支持。

在长期思考如何建设中国非洲学的过程中，刘鸿武教授出版《从中国边疆到非洲大陆——跨文化区域研究行与思》一书。该书不仅可以理解为刘鸿武教授个人学术成长的回顾，而且为人文社会科学研究提供了一条新的路径。2017年9月12日，由世界知识出版社、中国非洲人民友好协会、中国人民大学重阳金融研究院、浙江师范大学非洲研究院联合主办的《从中国边疆到非洲大陆》《游学非洲——浙师大非洲研究院师生行走非洲十年纪实》《高校智库建设的理论范式和实践创新》三部新书发布会暨"中国非洲学的原创性发展战略研讨会"在北京中国人民对外友好协会举办。中国外交部领导以及中央党校、清华大学、中国国际问题研究院等高校、科研机构的专家学者共80余人聚集在一起，共同祝贺新书的出版，并针对新时期中国的非洲学原创性研究展开了热烈的研讨。来自喀麦隆、肯尼亚、南非、南苏丹、布隆迪五国的驻华记者及人民网、中国国际广播电台等中外20多家重要媒体参加了研讨会，并及时报道与会议有关的新闻。

七 智库的政府影响力

（一）研究报告获得政府领导指示情况

近年来，非洲研究院向国家各部委提交各类咨询报告共计40余篇，其中向中央政府提交重要政策咨询报告十多份，相关研究成果受到国家领导人批示和嘉奖，多篇研究报告被《教育部高校智库专刊》录用，其中21篇被采用（有采纳证明）。

（二）智库参加政府部门座谈会情况

非洲研究院作为智库每年参加政府部门座谈会3—5次。

（三）智库为政府培训人员情况

非洲研究院每年为商务部智库班举办两期培训班，每期约30人次。每年为教育部非洲教育官员班举办两期培训班，每期约有30人次。

（四）承担政府委托项目情况

据不完全统计，非洲研究院已承担国家社科基金项目17项，教育部、外交部等部委和国际合作课题80余项。其中，刘鸿武院长主持国家社科基金重大招标项目一项。2009年，非洲研究院中标教育部哲学社会科学重大课题攻关项目"新时期中非合作关系研究"，其是国内非洲研究领域的首个国家级重大攻关项目。

八 智库的社会影响力

（一）在研究成果传播路径方面的优势

非洲研究院研究成果传播路径有多种形式，如网站 http://ias.zjnu.cn/、微信公众号 IASZNU、召开国际会议论坛、新媒体等方式。

浙江师范大学非洲研究院建有专门的网站，网页平均每天点击次数超过万次。有中文、英语、法语、豪萨语、斯瓦希里语五个语种的网页，建设有中非联合研究特色数据库。拥有非洲领域藏书5000余种（外文原版2000种）、中外文原版期刊90多种。

（二）主要负责人在新媒体上的关注度

非洲研究院院长刘鸿武教授在新媒体上受到较多的关注。他作为中国非洲研究界的代表，被中国人民对外友好协会、中国非洲人民友好协会共同评选为"中非友好贡献奖——感动非洲的十位中国人"，以嘉奖他对中非友好交往和非洲研究作出的杰出贡献。评委会认为刘鸿武对非洲文化和历史的研究，"有着独特的视角，充满了个人的心灵体验与感悟"。

自2007年在浙江师范大学创建非洲研究院以来，刘鸿武院长每年会数次往返于中国与非洲之间，大量接触非洲的官员、学者和普通人，同时密切关注时代发展要求和国家的现实需求，并在中国综合实力日益增强的背景下提出要"形成中国言说世界的新话语"。

九 智库的国际影响力

近年来，非洲国家不仅"向东看"，而且"向东靠"，中国作为一个负责任大国，应该提供中国经验、中国方案。因此，中国的智库发展面临难得的机遇。浙江师范大学非洲研究院在过去的十年中，通过踏实的工作较好地发挥了高校智库的功能，享誉国内外。

据统计，国内国外已有上百家机构、院校到非洲研究院参观、调研和学习，刘鸿武院长也应国家各部委和各高校的邀请前往分享成功经验，2014年，他曾应英国皇家国际事务研究所邀请做"中非关系对非洲发展的影响"专题演讲。

（一）国外媒体对智库的报道

浙江师范大学非洲研究院近年来得到境内外媒体的多次报道，坦桑尼亚《每日新闻报》、肯尼亚《民族日报》、埃及《金字塔报》等境外国家级主流媒体报道30多次；《人民日报》《参考消息》《光明日报》《新华网》《人民网》《中新网》等国内重要媒体报道百余次；而且重要媒体主动邀约采访、组稿量明显增多。2016年6月，中央电视台法语频道推出"中非建交60年60人"大型人物系列片，以专题单元片的方式播出非洲研究院院长刘鸿武教授。

（二）智库与国际机构合作的方式

非洲研究院与国际上十余家智库建立有合作关系，是中国外交部"中非智库10+10合作伙伴计划"成员单位。

（三）主要研究人员参加国际会议及发言的数量

非洲研究院人员每年平均在国际论坛活动中发言16人次。其研究人员均有赴非洲开展调研的经历，大部分拥有国外留学经历。2013—2016年，非洲研究院自筹资金用于资助师生赴非洲开展调研，共计24人次，其中研究生9人次、科研人员15人次。

非洲研究院院长刘鸿武教授在2010年写了一些关于中非智库合作的文章，非洲研究院早在2010年就创办了"中非智库论坛"。2011年10月，第一届合作智库论坛正式成立，在杭州召开会议，第一次会议上正式通过了中非智库合作宣言。非洲研究院邀请了非洲一些重要的智库和国内一些相关国际问题研究的智库参加论坛，此举得到了中央部委的重视和支持。

2011—2016年已经连续召开了5届中非智库论坛，其中，2016

年在中国召开、2017年在非洲召开，第五届中非智库论坛刚好和中非合作论坛起到互相配合和支持的作用，成为中非合作的高端平台。特别是2015年在南非召开第四届会议，为约翰内斯堡的首脑会议做预热活动。2016年8月，由中国驻肯尼亚使馆与浙江师范大学等合办，在肯尼亚蒙巴萨召开中非媒体智库研讨会，该会较好地配合国家外交活动。

2013—2016年，非洲研究院已举办多次重大国际学术会议：2015年9月，在南非举办"中非智库论坛"第四届会议；2016年4月在浙江义乌举办"中非智库论坛"第五届会议；2016年8月12日中非媒体智库研讨会在非洲肯尼亚港口城市蒙巴萨举行，来自中国、肯尼亚、南非、塞内加尔等20多个国家的150余位智库专家、媒体代表、政商界人士等出席了论坛，共商中非合作与发展大计。与国际知名智库在中国境内举办两次学术会议；参加国际学术会议并发表演讲50余人次；境外学者、政要名流来访约50余人次，境外主流媒体报道30余次。美国布鲁金斯学会网站刊文认为"中非智库论坛"是中国扩大在非洲的软实力及寻求在学术层面影响力的一个很好实例。

非洲研究院与尼日利亚国研所结对，是中国外交部"中非智库10+10合作伙伴计划"成员。非洲研究院与美国密歇根大学非洲研究中心、斯坦陵布什大学中国研究中心、坦桑达累斯萨拉姆大学等都建立有较好合作关系。

2015—2016年，非洲研究院已举办各种学术活动100多场，邀请国内知名学者来院讲学40余次，接待国内高校、政府机构、企事业单位、个人来访交流、考察取经120余人次（不包含非洲博物馆每年1万余次人的参观量）；受邀赴外交部非洲司、北京大学、复旦大学、南开大学、厦门大学讲学30多人次。

（四）智库在国外设立分支机构

目前，非洲研究院已在南非设立分院，聘请在南非当地工作、学习的3位学者为兼职研究员，负责南非分院的具体运营工作，以推进新时期中南非、中非人文交流。

十　智库的评价指标体系

非洲研究院的同人们认为高校智库的评价体系应该多元化，公开发表论文、出版专著、政策咨询报告等成果形式都应计入智库评价指标体系之内。

十一　当前存在的主要困难

高校科研工作存在着"引进来有余而走出去不足，西学有余而中学不足，关注理论有余而研究问题不足"等问题。但是目前尚未形成符合新型高校智库建设特点的机制和体制。当前的高校科研工作考核评价体系、绩效奖励制度、科研经费财务报销制度、外事审批制度等较难适应新型高校智库建设之需要。研究人员赴非洲调研、参加学术交流活动审批手续繁杂、经费难以报销等诸多现象，困扰着新型高校智库的建设与健康发展。同时，科研经费的使用办法和现行财务报销制度，亦在很大程度上阻碍了高校智库建设的进程。

十二　作为高校智库的主要功能

浙江师范大学非洲研究院自成立以来，众多的非洲国家元首、非盟高官、驻华使节，中国中央各部委领导、驻非使节、省市领导，及众多非洲和欧美学者与智库领袖纷纷到研究院考察调研，或受聘担任学术顾问、客座教授。前来开展合作研修的非洲、欧美学者及留学生也数量众多，非洲研究院逐渐成为服务国家非洲事务的舆论引导与公共外交中心。配合国家领导人出访活动，多次在非洲主办研讨会，并深入非洲开展实地调研，向政府部门提交了大量的内部资政报告，多项政策建议被采纳，研究成果受到国家领导人的嘉奖与批示。

非洲研究院作为智库的主要功能包括战略研究、政策建言、对外交流、人才培养、舆论引导等。非洲研究院副院长王珩认为，更好地发挥智库的作用，提高高校智库建设的效率，高校智库应处理好以下三种关系。

（一）高校与智库共融相通

高校智库建设可以促进高校更好地履行自己的使命，实现"共享发展"。高校和智库都承担着教学、科学研究和服务社会的职能。高校肩负着人才培养、科学研究、服务社会、传承与创新文化的功能。智库具有人才培养、战略研究、政策建言、舆论引导和公共外交等功能。对二者的功能进行比较后不难发现，高校与智库的功能其实是相互融通的，其中人才培养和科学研究是共有的；高校智库功能中的政策建言、舆论引导和公共外交也可以概括为"社会服务"，即服务国家战略、服务社会政治经济和文化发展。所以，高校和智库在功能性质上是相同的。智库只是高校功能的一部分，高校智库是中国特色新型智库体系中的一个重要组成部分，与政府智库、民间智库等共同为国家战略和社会发展提供智力支撑。

（二）坚持问题导向与学术导向

高校智库的本质应是平台型，不应该也不可能挤占学科学术发展的资源。高校智库是与学术研究截然不同的组织运营形式，学术研究是它的出发点，是其支撑，而决定一个智库好坏的关键在于智库的运营及成果质量。

（三）基础理论研究与应用对策研究同时并举

智库研究工作可以分为基础理论研究和应用对策研究，二者既有联系又有区别。两者相辅相成、相得益彰。"基础理论研究是智库的安身立命的基础，没有基础研究，对策研究就成为无水之源。"①

开展应用对策研究离不开基础理论研究，基础理论和现代科技的发展为政策分析研究提供了先进的工具，大数据及人工智能等也为政策分析研究提供了有效手段，没有深厚的学术理论支撑，应用对策研究不可能深入、持续和有效；做好应用研究，可以刺激基础理论研究和创新。

研究中国的问题，讲好中国故事，构建具有中国气派、中国特色的话语体系，既需要用到基础理论研究，也会用到应用对策研究。

十三 高校智库建设的成功经验

经过十多年探索与实践，非洲研究院总结出了一条"三位一体"的发展道路，即一是以学科建设为本体；二是以智库服务为功用；三是以媒体传播为手段。将三者融合发展，逐渐成为具有国际影响力的学术机构与思想库，成为推进中非思想、知识双向平衡互动的国际传播机构。

（一）以学科建设为本体

其目标是搭建基础性学科平台，积累原创性知识体系，作出民族性思想贡献，补齐结构性学科短板，形成均衡性学科发展态势。具体来说，就是建立具有中国特色的非洲学，从中国的非洲观、非洲战略、中非发展合作实践中，提炼出可以解释和促进中非共同发展的人类命运共同体的知识形态、理论体系、话语概念，奠定知识与思想基础的学术研究，服务国家战略需求。

---

① 王衍：《高校智库建设的理论范式和实践创新》，世界知识出版社2017年版，第31—33页。

（二）以智库服务为功用

其目标是突破学术研究停留在小圈子内自说自话、自娱自乐的发展困境，形成对国家和社会的实际影响力与服务功能，弥补中国高校智库传统缺陷。刘鸿武教授认为，现代智库建设是"经世致用"中华学术传统的现代形态，非洲研究院将致力于：一是让智库的"想法"变成领导的"说法"；二是让智库的"文章"变成上级的"文件"；三是让智库的"谋划"变成组织的"规划"；四是让智库的"言论"变成社会的"舆论"；五是让智库的"对策"变成党和政府的"决策"。

（三）以媒体传播为手段

其目标是推进中国学术研究走向世界，具有国际视野，大力提升中国学术研究的国际传播力，在核心对象国形成直接影响力，改变中国的海外国家形象，实现从站起来、富起来、强起来到美起来的发展路径。

非洲研究院的成功经验可以简单归纳为5个方面：一是围绕国家战略做好自身建设的总体布局与发展规划；二是发挥高校智库在国家战略发展中的特殊作用；三是按国家和地区发展期待建设智库；四是组建服务地方政治、经济、文化发展的学科创新型智库；五是将中国的本土经验话语体系转化为国际话语体系。

十四　全球信息化时代，高校智库应注重数据库建设

浙江师范大学非洲研究院的数据库由非洲研究院和中国外交部共同研发。数据来源于两个方面：一是非洲研究院的图书资料中心收藏的图书资料，这是目前国内收集最完整的有关非洲研究的国内外文献资料。二是由外交部和财政部主导的"中非联合研究交流计划"完成的研究成果资料，此计划利用财政部划拨的专项资金，配合"10＋10合作伙伴计划"，每年支持中非20个智库

的学者开展研讨会、联合发表学术研究成果、出版学术著作以及研究人员的学术交流活动。将这些研究成果逐渐积累起来，非洲研究院接受外交部的委托，开发了"中非联合研究交流计划的特色数据库"。将国际上重要的研究成果、研究报告进行数字化处理，同时也将非洲研究院收藏的图书资料进行数字化后。采用中、英文方式把这些研究成果发布到网站上，以利于将中国对非研究成果推向世界。目前，这个"中非联合研究交流计划的特色数据库"，已经起到了很好的窗口宣传功能。非洲研究院自行购买了一台服务器，特色数据库的基础数据由非洲研究院进行后台管理，前端的重要新闻则是由中国外交部发布，政策导向由外交部把关。

根据调查统计结果显示，特色数据库的利用率非常高。非洲研究院网站每天的点击率较高，2012 年改版之后，短短的 5 年时间之内，已经达到了 400 多万人次，平均每天的点击率都在 3000—5000 人次，高峰的时候会有 1 万人次。经查询 IP 地址，发现很多点击都是来自中国境外。如此说明该数据库发布的信息、资料，上传的文献资料，对于国内外了解中国对非的战略和政策是非常有益的。而中国外交部委托非洲研究院完成的调研报告，涉密部分内容经过专业人员加工处理之后，再上传到网上，以便于国外了解和查询，事实证明特色数据库发挥了很好的公共外交功能。

十五　借助媒体宣传智库

浙江师范大学非洲研究院近几年在从事国家战略研究过程中，发现中国当前对非洲的研究，存在的最大问题就是在国际上缺少话语权。中国独特的汉字语言文化体系，导致在与国际沟通过程中存在一定隔阂，但是缺乏有效的手段进行弥补。这是非洲研究院作为一家地方性高校智库，近年来开始涉足影视领域的原因。

浙江师范大学非洲研究院是国内较早自建影视传媒机构、自组专业团队、筹措拍摄经费，自己编制作品的高校智库。2017年制作完成的六集大型纪录片《我从非洲来》，是首部由中国和非洲导演联合制作、讲述非洲人在中国生活和打拼故事的一系列纪录片。纪录片录制完成后在英国、法国以及非洲的几个国家进行播放，均获得了良好的反响。另外一部新的纪录片《重走坦赞铁路》于2018年7月隆重推出。《重走坦赞铁路》由中、非、欧等国家联合拍摄，多方合作使得纪录片更加具有客观性、中立性和可信度。

十六　研究中心简介

（一）非洲政治与国际关系研究所

研究所现有专职研究人员8人，其中教授1人、副研究员5人、助理研究员2人。该所重点从事当代非洲国际政治与中非关系研究。研究领域涉及中非关系、非洲与大国外交、苏丹达尔富尔冲突、非洲非政府组织、国别研究等。非洲政治与国际关系研究所的办所宗旨，是将研究所办成高质量、高水平的非洲政治与国际问题研究基地和对非工作人才培养基地，并为国家对非战略的制定与开展、中非友好关系的发展及中非人民的相互了解作出应有贡献。

（二）非洲历史文化研究所

非洲历史文化研究所现有专职研究人员6人，以对非洲基础性研究为主要任务，从事非洲国别史、非洲人类学、非洲宗教、非洲艺术、非洲文化传播等领域的研究。开展历史与文化研究，对提高非洲研究院的学术层次，使非洲研究院形成可持续发展的态势是必要与不可缺少的。非洲大陆地域广阔、民族众多，是人类的诞生地之一，拥有璀璨绚烂的文明。对非洲文化的多样性和统一性共同发展、相互依存进行研究，是非洲历史文化研究所开展研究的永久性课题。

（三）非洲经济研究所

非洲经济研究所是非洲研究院最具发展潜力的一个研究所，现有专职研究人员5人，其中副研究员2人、助理研究员2人、非洲籍学者1人。研究重点为当代非洲经济与中非经贸关系、非洲国家经济发展模式、国别经济、中国投资非洲及风险规避等问题。

（四）非洲教育研究所

非洲教育研究所前身系非洲教育研究中心，现有专职研究人员7人，其中教授2人、副研究员3人、助理研究员2人。该研究所重点开展非洲教育与中非教育合作研究，并与教育部援外基地相结合，以科研工作促进对非培训工作，以培训引导科研。

（五）非洲图书资料中心

非洲图书资料中心占地600多平方米，环境优雅，设备齐全。目前，收藏有非洲研究方面的图书5000余种、中文期刊57种、英文原版期刊34种。其发展目标是建设成为一个具有中国特色、国际一流水平的专业性非洲图书资料中心。

（六）非洲博物馆

极具特色的非洲博物馆馆区占地2000平方米，首期投入使用400多平方米，集非洲艺术的精品收藏、非洲文明的学术研究、非洲文化的知识普及于一体，旨在通过长期扎实的平台搭建与软硬件的投入，实质性地推进中非文明交流对话与科研合作。非洲博物馆的装饰设计融观赏性、学术性、收藏性为一体，既传递出强烈动人的非洲艺术美感，又彰显出博物馆庄重典雅的学术品位。

现已展出的500多件馆藏精品中，包括非洲乐器、法器、武器、家具、农具、面具、木雕、陶雕、石雕、铜雕、服饰、银器、织品及各种生活用品等。此外，博物馆还设有非洲马孔德艺术品展区。这些文物器具大多收集自非洲边远乡村的传统村落，保留了浓厚的非洲文化原生品质与生活气息，具有独特的异域风情、较高的研究价值和艺术欣赏价值。让文物精品走进中国大学的博物馆，为国人了解非洲文化提供了一个独特的窗口。

以下是课题组在非洲研究院实地调研、访谈后，参观非洲博物馆所拍摄的部分照片。

图5—2　浙江师范大学非洲研究院非洲博物馆

图5—3　浙江师范大学非洲研究院非洲博物馆宣传栏

图 5—4　浙江师范大学非洲研究院非洲博物馆藏品

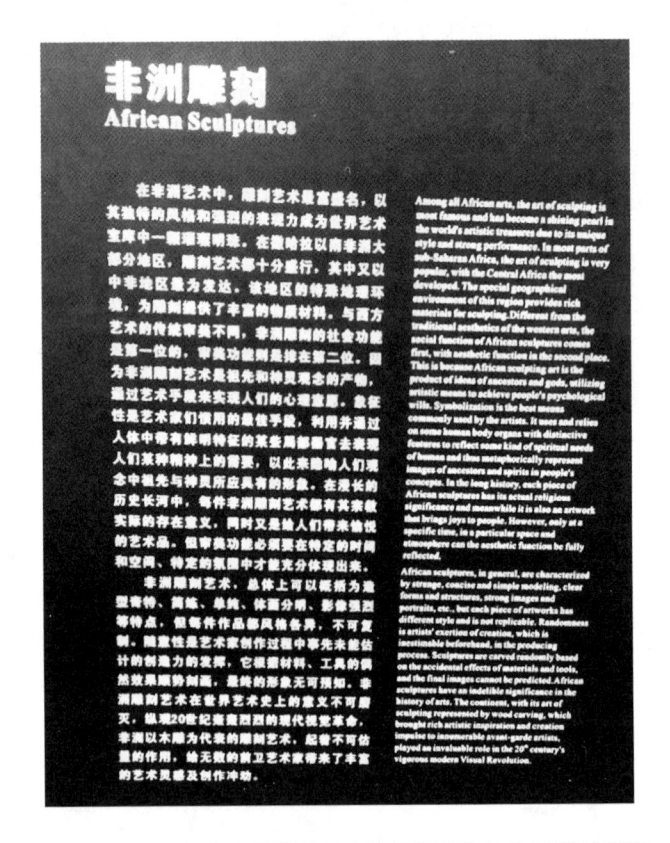

图 5—5　浙江师范大学非洲研究院非洲博物馆非洲雕刻说明

图 5—6　浙江师范大学非洲研究院非洲博物馆雕刻展品

图 5—7　浙江师范大学非洲研究院非洲博物馆收藏的非洲面具

第 六 章

立足学术特色、服务决策
——武汉大学国家文化发展研究院

图6—1 武汉大学国家文化发展研究院研究团队

文化软实力已经成为各国竞争力表现的重要内容。中国智库应该更大步地走向世界，提高中国的软实力和影响力。著名历史文化学家冯天瑜教授曾说："当代中国的成就不过是中国文化全球地位复归'正常'状态。"[①] 即"中国复兴"是复归常态。

---

① 冯天瑜：《"中国世征"说当缓议》，《文化软实力研究》2018年第8期。

一 武汉大学国家文化发展研究院简介

2009年，文化部与武汉大学合作共建"国家文化创新研究中心"；2011年，在国家财政部的直接支持下，文化部与武汉大学合作共建"国家文化财政政策研究基地"；2014年，文化部与武汉大学共建"文化改革发展研究基地"，当年开始招收文化产业管理专业研究生；2015年3月，在三个国家级文化研究平台的基础上，武汉大学批准成立"国家文化发展研究院"。

武汉大学国家文化发展研究院（Institute of National Culture Development, Wuhan University），是文化部与武汉大学共建的跨行业、跨学科、高层次、实体化的国家公共文化政策和文化产业研究平台和智库。武汉大学国家文化发展研究院实行"多块牌子、一套班子"。研究院自2009年6月成立以来，坚持以创建中国文化领域具有专业优势的国家新型智库为目标，在武汉大学以及文化部、财政部的大力支持下，经过8年多的艰苦努力，已初步建成在国内具有较大影响力的智库型科研机构。首席专家是冯天瑜教授和傅才武教授。现任院长是傅才武教授，另外设有3名副院长、2名院长助理。武汉大学国家文化发展研究院下设文化信息中心、文化政策实验室、文化规划中心、文化法制中心、文化遗产中心以及综合办公室。武汉大学国家文化发展研究院2016年12月入选《中国智库索引》（CTTI）来源智库。

武汉大学国家文化发展研究院是首家搬入武汉大学"十八栋"老别墅区的科研单位，其目前的办公地点在湖北省武昌区珞珈山武汉大学别墅区20栋。此处风景优美，安静宜人，非常适合开展科研工作。搬入别墅区后，武汉大学国家文化发展研究院又为学校作出了突出贡献，傅才武院长主动与国家文物局相关领导联系，让其出经费对武汉大学别墅区的文物进行了维修，将留存的宝贵文物整旧如旧，焕发出新的活力。

二 办院宗旨

武汉大学国家文化发展研究院是在武汉大学相关职能部门的支持下，借助于"部校共建"的优势，立足于武汉大学百年名校品牌、文理工学科综合、位于中部腹地等特色，组织文化创新基础理论和相关课题研究、为中国文化创新发展提供理论支撑；提供政策咨询与信息服务为国家和各级政府部门决策提供智力支持，力争把武汉大学国家文化发展研究院建设成为全国一流、在国际上具有较大影响力的中国特色新型高端智库。

坚定文化自信作为新时代国家文化战略，是近代以来中华民族由科技现代化、经济现代化进入文化现代化这一新的历史阶段后对国家文化现代化道路问题所作出的科学回应。坚定文化自信作为国家战略本身包含了对于东西方文化差异的深刻理解，是作为中华民族选择国家现代化道路理论基础的"中西体用"百年命题在新的历史环境下的创新发展。因此，要理解文化自信的丰富内涵，必须要放到新中国成立以来甚至近代以来中华民族艰难曲折的国家现代化进程中才能得到深刻理解。只有坚定文化自信，并由此支撑当代中国的理论自信、道路自信和制度自信，才能建设21世纪的"中华之中国"而不是"西方之中国"[①]。

三 主要研究领域、研究方向

武汉大学国家文化发展研究院的主要研究领域是文化政策、文化创新理论、国家文化创新体系，涉及学科有法学、艺术、历史学、文学等。研究内容主要包括三个方面：一是政策研究，包括国

---

① 傅才武：《坚定文化自信是国家文化战略的支撑》，《光明日报》2017年12月28日。

家宏观政策和地方政策。二是政策的绩效评价和数据库平台"文化发展基础数据库建设和绩效评价平台"建设，目前，这是全国唯一文化类的综合数据平台。其整合了中国文化部、财政部、国家文物局、国家广电新闻出版总局、国家体育局等部委的文化类业务数据，研究院的调研数据和网络收集数据等，打造出我国第一个文化领域的全量级数据库，为政府的文化政策制定和我国文化发展提供科学的数据支撑。三是规划研究，包括地方政府、企业、兄弟单位委托的规划，如武当山的太极湖文化发展规划。建设武汉园博园的核心"长江文明馆"，亦是由武汉大学国家文化发展研究院院长傅才武教授亲自提出来的。武汉大学国家文化发展研究院通过给湖北省省长李鸿忠书记写信，给武汉市唐良治市长、阮成发书记写信，将"荆楚馆"改成了"长江文明馆"。另外，在东莞的松山湖、咸宁的咸安新区、贵州的从江等地，武汉大学国家文化发展研究院都有一系列的合作规划项目。

四 研究经费的主要来源

武汉大学国家文化发展研究院的研究经费来源，主要由两个部分组成：一是武汉大学国家文化发展研究院研究员申请的各级各类科研项目经费；二是武汉大学国家文化发展研究院争取的政府资金支持。武汉大学国家文化发展研究院每年到账的科研经费大约是武汉大学其他四个学院的总和数，但是武汉大学国家文化发展研究院人员数量仅相当于他们总和的不到5%。

五 研究人员的管理模式

武汉大学国家文化发展研究院采用专职和兼职并用的方式，现有专职教学科研团队15人，其中资深教授1人（冯天瑜）、教授1人（傅才武）、楚天学者1人（熊笑忠）、副教授4人、讲师6人、博士后3人、兼职教授20人、专职行政人员4人、专职研究助理及技术人员9名，以上人员全部拥有博士学位。

武汉大学国家文化发展研究院立足于打造多层次的学术研究团队，以院学术委员会为核心，以专职研究团队为主体，发挥武汉大学学科门类齐全、学科交叉性强的综合优势，借助于武汉大学"985工程"拓展项目的支持，组建了跨学科的综合性研究平台。

武汉大学国家文化发展研究院通过签约的方式，已先后与武汉大学文学院、经济与管理学院、法学院、新闻与传播学院、历史学院、政治与公共管理学院、国际软件学院以及社会学系、艺术学系的15位教授以及校外的多名学者签订了合作协议，并与全国文化文物系统的同人建立了项目合作关系。武汉大学国家文化发展研究院近年来不但自主培养了一批立足学科前沿的中青年科研骨干，并且大力引进海内外文化研究领域的知名专家学者，共同构建起一支跨学科、多元化、复合型的学术研究队伍。

六　智库的专业影响力

武汉大学国家文化发展研究院的研究成果分四类：研究报告、专著、论文、蓝皮书。武汉大学国家文化发展研究院每年通过社会科学文献出版社出版一本《文化创新蓝皮书：中国文化创新报告》，至今已经连续出版10年。2013年3月，文化部国家公共文化政策实验基地批准成立。自2014年开始，已连续8年出版《中国公共文化政策研究实验基地观察报告》。

近年来，武汉大学国家文化发展研究院研究员出版了几十本专著，在中文核心、CSSCI刊物上发表论文几百篇，有些文章被《新华文摘》、人大复印报刊资料、《高等学校文科学术文摘》等期刊转载。另外，武汉大学国家文化发展研究院还有《要报》直接报送到国家部委和其他省份的主管部门,每年会出版十几期,社会反响很好。

表6—1　　　　　　　　　出版专著情况

序号	书名	作者	出版社	出版年份
1	《近代中国国家文化体制的起源、演进与定型》	傅才武	中国社会科学出版社	2016
2	《文化创意、产业融合和城市发展》	傅才武（主编）	中国社会科学出版社	2015
3	《文化产业与金融工具》	傅才武（主编）	中国社会科学出版社	2016
4	《中国文化市场与消费研究》	傅才武	云南人民出版社	2014
5	《中国人的信仰与崇拜》	傅才武	湖北教育出版社	1999
6	《文化产业集聚区策划与运营》	傅才武（第一作者）	湖北人民出版社	2012
7	《湖北文化史·艺术史》	傅才武（合著）	湖北教育出版社	2006
8	《文化体制改革》	傅才武	湖北人民出版社	2012
9	《艺术表演团体管理学》	傅才武（第一作者）	湖北人民出版社	2013
10	《中国农民工文化生活调查报告》	傅才武（执行主编）	中国社会科学出版社	2007
11	《中国艺术节的模式与经验：第一到七届艺术节》	傅才武（参编）	中国社会科学出版社	2012
12	《中国艺术节的模式与案例：第八届艺术节》	傅才武（第二主编）	中国社会科学出版社	2012

续表

序号	书名	作者	出版社	出版年份
13	《第十届中国艺术节区域社会文化发展价值与影响力实证研究》	傅才武（第二主编）	齐鲁出版社	2014
14	《艺术教育管理学》	傅才武 陈庚	湖北人民出版社	2003
15	《近代化进程中的汉口文化娱乐业》	傅才武（参编）	湖北教育出版社	2005
16	《文化市场演进与文化产业发展》	傅才武（第一作者）	湖北人民出版社	2008
17	《艺术表演团体管理学》	傅才武（参编）	湖北人民出版社	2013
18	《文化创意、产业融合和城市发展》	陈庚	中国社会科学出版社	2015
19	《艺术表演团体改革的政策路径研究》	陈庚	湖北人民出版社	2013
20	《传承与新变：近代化进程中的北京戏剧市场研究（1912—1937）》	陈庚	中国社会科学出版社	2016
21	《旅游产业与文化融合发展研究——以武当山为例》	钟晟	中国社会科学出版社	2015

表6—2　　智库主要研究人员在期刊上发表论文情况

序号	论文名称	作者	期刊名称	时间
1	《"改革运动健将"范熙壬》	冯天瑜	《读书》	2016年2月
2	《"中华文化元素"是塑造国家形象的重要资源》	冯天瑜	《人民周刊》	2016年3月
3	《文化产业财政政策建构：国外经验与中国对策》	陈庚 傅才武	《理论与改革》（CSSCI）	2016年1月

续表

序号	论文名称	作者	期刊名称	时间
4	《文化企业国有资产管理的特殊性及其政策思路》	陈庚 傅才武	《学习与实践》（中文核心）	2015年6月
5	《湖北文化强省战略十年评估及改进策略》	陈庚 邹荣	《湖北社会科学》（CSSCI）	2015年9月
6	《国外文化产业发展的财政金融政策特征及其对我国的启示》	陈庚 傅才武	《文化产业研究》（CSSCI）	2015年11月
7	《中国城镇居民文化福利影响因素分析》	陈波	《艺术百家》	2014年4月
8	《城镇化加速期我国农村文化建设空心化、格式化与动力机制——来自27个省份147个行政村的调查》	陈波	《艺术百家》	2014年7月
9	《二十年来中国农村文化变迁：表征、影响与思考——全国25省（市、区）118村的调查》	陈波	《艺术百家》	2015年8月
10	《城镇化加速期我国农村公共文化空间理论与模式构建》	陈波	《艺术百家》	2015年6月

七 智库的政府影响力

（一）参加政府部门座谈会的情况

武汉大学国家文化发展研究院相关人员每年平均参加省级、市级政府部门的座谈会约有5次。武汉大学国家文化发展研究院研究员会利用这些机会开展智库的"资政建言"工作。

（二）承担政府的委托项目

武汉大学国家文化发展研究院每年承担三种研究任务，具体情况如下：第一，文化领域的政策研究，每年承担20项左右，向有关部委提交15—20份研究报告，其中约15份被政府采用和领导批示。第二，绩效评价，对全国文化政策的实施效果进行评价，把大数据放在武汉大学的数据平台进行科学评价。第三，战略规划研究，如国家"十二五""十三五"项目规划等，例如，"十二五"项目规划里面的10个大项目，武汉大学国家文化发展研究院承担了3个。武汉大学国家文化发展研究院行政人员平均每天至少接到相关部委的两个电话。2016年科研任务预计约有27项。

武汉大学国家文化发展研究院牵头承担的"荆州大遗址楚文化数字化保护及传播技术集成示范"项目经过3年多的努力、多轮答辩，于2015年正式获得科技部国家科技支撑计划的立项，成为国家首批科技与文化融合支撑计划项目。

近年来，武汉大学国家文化发展研究院院长傅才武教授已经主持并完成3个国家重大招标项目。武汉大学国家文化发展研究院研究员主持国家社科基金一般项目5项，其他的文化部的项目、博士后基金项目的数量也非常多。此外，武汉大学国家文化发展研究院还承担有文化部、财政部、国家文物局等委托公共政策调研项目，平均每年有十几项，而对于企业的委托项目，因为研究院人力不够，承担不过来，有些只能回绝。伴随武汉大学国家文化发展研究院的快速发展壮大，在业界的影响力逐步扩大，口碑不错，在武汉大学校内也很受重视。近年来，具有代表性的科研项目非常多，例如，院长助理陈波主持的"文化消费信息数据库平台开发第二期"；研究员钟晟主持的项目"湖北文化长江建设研究"等。

（三）研究报告被采纳、批示情况

武汉大学国家文化发展研究院的资政报告获得政府领导批示数量较多，其中有中央和省部级领导批示，平均每年约15项。例如，2014年有15项研究报告获得领导批示；2015年共编辑报送《国家文化发展研究院要报》12期，提交文化部《文化决策参考》刊用的咨询报告 15 篇，有 15 份研究成果被相关部委或政府机构采用，其中有 7 份研究报告获省部级以上部门采用或领导批示。

"新时代要增强文化自信，必须进一步深化文化体制改革，借力蓬勃发展的数字信息技术等科技创新巨力，实现中华优秀传统文化在当代的'创造性转换与创新性发展'，让文化与科技相融合的新文化生产力成为进一步增强中华民族文化自信的'底气'，让中华民族文化共同体的蓬勃生命活力，转化为 21 世纪推动中华民族走向现代化的强大力量。"①

八 智库的社会影响力

截至 2017 年，国内主流媒体对武汉大学国家文化发展研究院的报道数量约为 65300 次。武汉大学国家文化发展研究院在新媒体上的粉丝量约为 1509 个。智库主要负责人没有开通新媒体。

武汉大学国家文化发展研究院建设有中文网站，名为"武汉大学国家文化发展研究院"，网址为 http：//nccc.whu.edu.cn/。通过网站宣传研究成果和最新动态。武汉大学国家文化发展研究院经常举办会议、论坛等学术活动，借此机会研究人员也会宣传其研究成果。

九 智库的国际影响力

（一）与国际机构合作的频次和方式

武汉大学国家文化发展研究院主要开展文化创新研究，与国际机构开展合作，主要方式是访问学者与讲学交流。研究院每年会派 1—2 位老师出国做访问学者、参加国际学术会议等，平均每年约有十多次。

---

① 傅才武：《坚定文化自信是国家文化战略的支撑》，《光明日报》2017 年 12 月 28 日。

武汉大学国家文化发展研究院与国际机构合作，每年约有4次，主要通过访问学者与讲学的形式。

（二）主要研究人员在国际论坛上发言的数量

武汉大学国家文化发展研究院主要研究人员平均每年在国际会议、论坛上发言数量约为5人次。现以2012—2015年院长助理肖波博士参加论坛会议情况为例：2012年10月，武汉大学国家文化发展研究院研究员肖波博士赴韩国岭南大学参加"中国人文学的研究方法"国际学术会议并宣读论文；2014年9月，肖波博士参加"中国文学传播与接受国际学术研讨会"并提交论文；2015年3月、5月，肖波博士在英国华威大学参加"文化多样性国际学术研究会""文化政策与创意产业国际学术会议"并在大会上发言。

十 独有的研究特色

第一，武汉大学国家文化发展研究院在文化领域是全国最大的专业性研究机构，目前，除了中国传媒大学文化发展研究院，在北京以外地区，武汉大学国家发展研究院最具影响力。第二，建立了独立的调查研究系统，如"文化第一线"，可以通过信息网络技术在全国范围内进行调查。第三，作为文化部和武汉大学共建的研究机构，承担了国家的一些重要文化政策设计和相关课题研究；和文化部合作建设"文化创新网"、主办文化创新论坛、承办包括文化创新奖的颁奖等项工作。第四，建立了辐射到全国的文化研究网络，现在全国拥有近百家研究基地（博物馆、图书馆、文化站等）作为武汉大学国家文化发展研究院的资源支持，源源不断地将信息和数据汇集到武汉大学国家文化发展研究院。

武汉大学国家文化发展研究院一直秉持"把科研论文写在祖国大地上"的学术理念和科研路线，自2009年开始，每年的寒暑假期间，武汉大学国家文化发展研究院都会招募学生志愿者到基层开展调研工作，每年两次共计有300—500人，分别到文化站、乡村、博物馆、图书馆，获取大量调研数据，然后撰写研究报告反馈回研究院。武汉大学国家文化发展研究院将其取名为"文化第一线"调查，这是武汉大学的一大实证调查品牌，成为全国文化领域第一个持续性的实践调查网络。

2012—2016年，在文化部、财政部的支持下，武汉大学国家文化发展研究院曾先后启动了"国家公共文化政策研究实验基地"项目和"国家文化数据库"项目，目前已在全国遴选了75家文化机构作为"实验基地"，向形成"1（武汉大学研究基地）+100（实验基地）"模式发展，向全国是第一也是唯一的实证观察研究网络方向迈进。这两个项目的建成，使武汉大学不仅拥有第一家覆盖全文化领域的观察网络与样本库，而且拥有全国第一家全量级的文化领域信息数据库。这既是武汉大学国家文化发展研究院的首创之举，也是落实国家2011协同创新研究战略部署的具体实践。

第 七 章

允公允能、日新月异
——南开大学经济与社会发展研究院

图7—1 南开大学经济与社会发展研究院

一 南开大学经济与社会发展研究院简介

南开大学经济与社会发展研究院（Nankai University's College of Economic and Social Development），1998年1月成立。南开大学经济与社会发展研究院是南开大学面向改革开放实践中出现的新课题、新任务，为充分利用学术资源，探索高校科研、教学和行政管理的新体制，经南开大学批准成立。南开大学经济与社会发展研究院覆盖了经济、管理、社会、金融等学科，秉承"允公允能、日新月异"的校训，将多支文科优势力量集中到一起，开展跨学科研究，在培育新兴学科、服务社会的同时探索高校科研、教学和行政管理的新体制。

南开大学经济与社会发展研究院为南开大学直属科研教学单位，是教育部人文社会科学重点研究基地。现任院长刘秉镰教授、副院长白雪洁教授。经过多年的探索和发展，目前，南开大学经济与社会发展研究院已经拥有强大的教学和科研力量，学术梯队完整，教学、科研工作经验丰富，其整体实力在国内同等学院中处于领先地位。近年来，研究院以稳定高效发展为契机，充分利用学科综合优势，走出了一条特色发展之路。

二 办院宗旨

南开大学经济与社会发展研究院秉承"学科立院、人才兴院、特色办院、严谨治学"的宗旨，将大力开展协同创新研究，贴近政策前沿，打造一流高水平智库研究平台。

三 主要研究领域

南开大学经济与社会发展研究院的主要研究领域为区域经济学、产业经济学、现代物流。主要研究方向为产业效率与政策、区域产业分析等。涉及学科主要有经济学、物流学。

四 研究经费的主要来源

南开大学经济与社会发展研究院的经费主要来源于自有经费，即科研成果转化所得。

五 目前存在的主要困难

南开大学经济与社会发展研究院存在的主要困难有缺乏相关固定研究经费的支持、研究队伍人力紧张等。

六 高校智库的主要功能

作为高校智库应发挥的主要功能，南开大学经济与社会发展研究院的同人们认为，以服务国家和天津市经济社会发展的重大现实需求为总体目标，深耕天津、服务国家，以高水平的前沿理论研究为支撑，创建官产学研互动循环的协同创新机制和成果转化机制，搭建国际化学术交流与合作平台，在建设高水平的教学与科研中心的同时，努力打造创新引领、国家倚重、社会信任、国际知名的高水平智库。具体应做到以下几点：在行使智库职能时，力求将应用性咨询研究与学科发展方向相结合；发挥多学科交叉优势，从不同的学科视角围绕着重大问题进行攻关；整合内脑与外脑，以持久深入的国际和国内合作方式，为智库研究提供源源不断的智力支持；坚持实践出真知，将深入的实证调研数据作为提供咨询建议报告的前提和保证。

七 智库的专业影响力

（一）研究人员的数量及国际化程度

南开大学经济与社会发展研究院人员采用了专职和兼职兼有的模式。2013—2016年，有教授8名，副教授11名，讲师7人，平均年龄39岁，均已获得博士学位。另外，聘请兼职教授和研究员66名。

专兼职人员的管理模式有助于整合内脑与外脑，以持久深入的国际国内合作方式，为智库研究提供源源不断的智力支持。南开大学经济与社会发展研究院与国务院发展研究中心、科技部战略研究院、中经中心，以及美国、澳大利亚、日本、韩国、法国、瑞典、新加坡、中国香港、中国台湾等多个国家和地区的高校研究机构或政府研究部门等保持着密切的合作关系。根据研究主题的需要，可以组成不同形式的兼职研究人员或咨询专家队伍，保证了咨询研究能够具有更科学、高远的战略视野。

2017年，南开大学经济与社会发展研究院进一步拓展专家队伍，邀请国际顶尖学者加盟智库研究，包括哥伦比亚大学土木工程系教授、纽约规划与建设局局长费尼奥斯基·佩纳·莫拉，伊利诺伊大学教授、著名区域经济学家杰弗里·J. D. 休因斯，日本京都大学教授、新经济地理学开创者藤田昌久，丹麦哥本哈根商学院教授、供应链领域知名专家布丽塔·甘梅尔高，日本东北大学教授、知名空间经济学家曾道智等，组成高度国际化的学术团队。

南开大学经济与社会发展研究院还将大力推进同国内一流高校、研究机构和中央政府部门的合作研究，推进智库间的强强联合，协同中国社会科学院、北京大学、中国人民大学、兰州大学、中山大学、西南交通大学等开展区域政策研究，加强与国家发改委、商务部、科技部、教育部、国务院研究室的联系合作，建设一流高校智库。

南开大学经济与社会发展研究院研究人员国际化程度较高，例如，杰弗里·J. D. 休因斯曾任国际区域科学协会和北美区域科学协会主席，美国伊利诺伊大学香槟分校教授。威廉·H. 格林为美国纽约大学斯特恩商学院罗伯特·斯坦斯基教授，悉尼大学荣誉教授、美国经济学会会员、《生产力分析》杂志、《计量学基础与趋势》等期刊主编。

南开大学经济与社会发展研究院曾先后与香港理工大学合作开办国际航运及物流管理硕士项目，与澳大利亚弗林德斯大学合作开办国际经贸关系、医院管理专业硕士研究生项目，与英国卡迪夫大学联合培养硕士研究生项目。南开大学经济与社会发展研究院的涉外办学项目以其规范的管理能力、高水平的教学及培养出的高质量学生产品成为中国合作办学的优秀品牌。

（二）主要研究人员出版专著、在期刊上发表文章数量

根据问卷调查数据，南开大学经济与社会发展研究院教师共出版著作40余部、译著10部；在各类期刊上公开发表论文260余篇，其中被SCI引用182篇。

（三）公开出版代表性成果情况

南开大学经济与社会发展研究院每年组织相关人员撰写和出版《中国现代物流发展报告》（蓝皮书），已经连续出版15年，成为对国家有重大贡献和影响力的连续性研究成果，2011年开始，面向全球发行英文版。另外，还有《两岸产业比较丛书》和《区域产业经济研究丛书》。

八 智库的政府影响力

南开大学经济与社会发展研究院综合采用多种形式，将参政、建设网站、召开论坛或会议、通过在各种新媒体上宣传自己等方式有机结合起来，共同促进智库研究成果的广泛传播。通过与具体决策部门建立联系以其分析和观点影响具体决策进程方式参政，以京津冀协同发展课题为例，南开大学经济与社会发展研究院刘秉镰教授作为唯一非北京专家入选16人中央京津冀协同发展专家咨询委员会以来，组织智库团队开展了大量研究工作，以市委研究室参阅件、社科界资政要报等形式完成的一批京津冀协同发展理论与对策研究被各级领导部门采纳。2017年1月，专家咨询委员会致函南开大学，对刘秉镰教授及其团队2016年在京津冀协同发展咨询研究中的工作表示感谢。

南开大学经济与社会发展研究院积极推动国家南海战略研究，

与国家海洋局、海南省政府开展战略合作，成立中国海南研究中心。三沙市委书记肖杰等任中心兼职研究员，一批博士后在海南省挂职，中心将建成国家海洋经济政策的交流平台和地方海洋产业规划的研究高地。

（一）举办的会议、论坛

自 2001 年主导建立"两岸三地现代物流发展论坛"至今，主办两届"两岸产经合作与创新发展论坛"，邀请到江丙坤、陈云林等两岸数十名官产学界的知名人士参与盛会。同年举办"2016 亚太生产率国际研讨会"。此外，还举办了"两岸三地现代物流论坛""2014 中国供应链管理（北京）论坛暨第六次 CSCMP 中国大会"等论坛和会议。

2017 年 5 月，南开大学、北京大学、河北经贸大学智库研究机构在天津联合举办了"雄安新区与京津冀协同发展：理论及政策"高端论坛。通过主办一系列高端论坛与研讨会，南开大学经济与社会发展研究院的智库研究动态成为全国关注的政策研究前沿，在理论创新中逐步形成智库研究新高地。这些论坛和研讨会具体包括在南开大学经济与社会发展研究院主办的中国经济高端论坛上，知名经济学家林毅夫、樊纲、胡鞍钢等人汇聚一堂，对当前经济社会发展变革中的重大问题提出深度思考，中央电视台、《人民日报》等 50 多家媒体进行专题报道，引起了社会各界广泛的关注。南开大学经济与社会发展研究院曾获得"全球生产率研究领域顶级研讨会 APPC"在中国大陆的首次主办权，近 30 位富有声望的境外专家参加了 2016 年的"亚太生产率国际研讨会"，南开大学的生产率研究稳步迈向国内顶尖地位和世界一流水平。"大变革与新动力：经济转型与政策选择"研讨会邀请了来自中国科学院、中国社会科学院、北京大学等 10 位知名学者对区域政策发表深刻见解，南开大学经济与社会发展研究院在建设区域经济学世界一流学科领域中的号召力和影响力不断增强。"中加物流政策论坛"是由国家发改委和加拿大运输部联合发起的国际化高端论坛，中加两国中央政府的高级官员发表政策观点，南开大学经济与社会发展研究院作为唯一高校代表主持论坛子项目，在物流政策领域的智库成果受到了世界关注。

（二）研究报告被采用情况

2016年10月，由南开大学经济与社会发展研究院现代物流研究中心王玲和肖建华以及滨海学院陈志卷共同承担完成的《天津市现代物流业发展"十三五"规划》正式印发，并由天津市政府下发至各区县人民政府及相关部门，用于指导"十三五"时期天津市现代物流业的发展。

2013—2016年，研究院完成近300项决策咨询研究成果，获得省部级以上领导人批示的咨询报告共计有40余项。以京津冀协同发展项目为例，围绕京津冀协同发展中的国际化战略实施、建设世界级大都市区、产业合作与对接、创新互动、京津联动的交通体系建设等问题提供十多份系列研究成果，其中多份获得省部级以上领导人的批示。

（三）承担政府委托项目

南开大学经济与社会发展研究院近年来主持并完成国家自然科学基金项目11项、社科规划项目8项；承担中央政府有关部委课题8项、省市级课题30项；为政府和企业提供信息咨询服务100余项。

九 智库的社会影响力

（一）建有专门的网站

南开大学经济与社会发展研究院网站名为"南开大学经济与社会发展研究院"，网址为http：//esd.nankai.edu.cn/，该网站暂时为纯中文界面。此外，南开大学经济与社会发展研究院亦有微信公众号（NKU_ESD），能够及时发布南开大学经济与社会发展研究院的最新动态，促进学术交流研究，扩大影响力，加强智库研究成果传播与及时转化。

（二）国内主流媒体的报道

近年来，国内主流媒体对南开大学经济与社会发展研究院的报道量很大。2016年6月至2017年7月14日，仅《人民日报》《天津日报》等主流媒体对南开大学经济与社会发展研究院报道就约有26次。

以2017年部分报道为例，智库首席专家刘秉镰教授接受"中国网中国访谈"栏目专访，以互联网为平台传播智库影响力；陈文玲教授多次接受中央电视台采访，对国家重大战略发表智库见解；《天津日报》在京津冀协同发展三周年之际专访南开大学经济与社会发展研究院刘秉镰教授和李兰冰教授，发布智库研究成果；中央电视台和天津电视台对南开大学经济与社会发展研究院李兰冰、杜传忠和刘维林等教授开展时事采访，发表智库观点，产生了积极热烈的社会反响。副院长白雪洁教授在"澎湃新闻网"上发表名为《服务业是否比制造业更绿色环保》文章；杜传忠教授在"人民网"发表名为《经济新常态下推进我国区域协调发展的路径及对策》的文章等，产生了较大的社会影响。

十 智库的国际影响力

（一）与国际机构全面开展合作

南开大学经济与社会发展研究院与国际知名高校建立合作关系，就交换留学、合作研究、国际交流等方面进行深入有效沟通，共同举办学术会议、派遣师生互访、发表研究成果等，目前，已与美国哥伦比亚大学、伊利诺伊大学、华盛顿州立大学、日本东北大学等国际知名高校建立合作关系。

南开大学经济与社会发展研究院成立中国区域政策研究中心，与美国智库伊利诺伊大学区域经济应用实验室全面合作，由外方顶尖专家担任中心名誉主任及兼职教授，共建中国区域经济应用实验室（China Regional Economics Application Laboratory，China REAL），致力于建成国际一流的中国区域政策理论创新高地和国内领先的中国区域政策高端智库。

（二）邀请国外知名大学或研究机构的专家学者来研究院进行合作交流

邀请的专家学者包括哥伦比亚大学土木工程系教授、纽约规划与建设局局长费尼奥斯基·佩纳·莫拉，伊利诺伊大学教授、著名区域经济学家杰弗里·J. D. 休因斯，日本京都大学教授、新经济地理学开创者藤田昌久，丹麦哥本哈根商学院教授、供应链领域知名专家布丽塔·甘梅尔高，日本东北大学教授、知名空间经济学家曾道智等。

（三）合作举办会议或论坛

南开大学经济与社会发展研究院获得全球生产率研究领域顶级研讨会 APPC 在中国大陆的首次主办权；中加物流政策论坛是由国家发改委和加拿大运输部联合发起的国际化高端论坛，南开大学经济与社会发展研究院作为唯一的高校代表主持论坛的子项目。

（四）与研究院合作的国外智库数量

南开大学经济与社会发展研究院已与美国哥伦比亚大学、伊利诺伊大学、华盛顿州立大学、日本东北大学等国际知名高校建立战略合作关系。例如，2017 年 6 月 30 日，南开大学经济与社会发展研究院与日本东北大学签署了关于教学、研究与学生交流的项目合作协议，将共同举办学术会议、派遣师生互访、发表研究成果。2017 年 7 月 10 日，南开大学经济与社会发展研究院与美国哥伦比亚大学就城市发展大数据问题，讨论了合作研究的基本框架并拟定了备忘录。

（五）主要研究人员在国际论坛上发言的数量

2017年7月7—8日，南开大学经济与社会发展研究院副院长白雪洁教授、产业经济研究所所长杜传忠教授应邀参加了"天津论坛2017"的"第四次工业革命时代的能源和产业"分论坛，并分别作了主题演讲报告，该论坛是由南开大学与韩国高等教育财团共同出资主办的系列国际学术论坛。

2016年8月8—11日，研究院庞瑞芝教授和白雪洁教授合作完成的"Allocation Mode, Efficiency of China's Carbon and Sulfur Emission and Environmental Policy"论文受邀作为国际公共财政研究所（IIPF）在美国内华达大学举办的第72届年会的大会宣讲论文。

2015年9月27—30日，南开大学经济与社会发展研究院现代物流研究中心李少如教授、肖建华副教授等组成的南开大学代表团应邀赴美国出席2015年美国供应链管理专业协会（CSCMP）年会，宣讲《中国现代物流发展报告》（英文版）。

（六）国际学术交流活动

南开大学经济与社会发展研究院成立以来，开展了广泛的国际学术交流活动，曾先后与中国台湾东吴大学、台湾大学、香港理工大学、香港城市大学，日本早稻田大学，韩国高丽大学，澳大利亚悉尼大学、弗林德斯大学，英国克兰菲尔德大学，美国马里兰大学、加拿大多伦多大学，瑞典延雪平大学，英国卡迪夫大学等知名高校建立了稳定的学术联系，定期进行教师及学生的交流活动。

2016年以来，南开大学经济与社会发展研究院已主办和联合举办国际学术会议20余场次，参加国际学术会议60余场次。其中，现代物流研究中心联合中国交通运输协会、香港物流协会、台湾东吴大学及香港理工大学等单位发起主办的现代物流论坛在业内已获得广泛影响，成为知名学者、专家和企业界人士交流心得、产学研互动的盛会。

十一　智库的评价指标体系

南开大学经济与社会发展研究院智库负责人认为，高校智库的评价指标体系不应该片面强调某项指标，而应综合考量多个指标，全面理性地综合评价智库。

十二　积极推动省校合作、校企合作

图7—2　南开大学经济与社会发展研究院宣传栏

在为政府、企业提供研究咨询服务的基础之上，南开大学经济与社会发展研究院积极促成省（地）政府、知名企业与南开大学开展多方面合作。在南开大学经济与社会发展研究院的积极参与下，山东省、云南省、广东省深圳市、内蒙古自治区、贵州省等已先后与南开大学建立合作关系；天津港集团有限公司、天津市交通运输集团有限公司、天津天保国际物流集团有限公司、天津可口可乐饮料有限公司等知名企业也与南开大学签署了长期合作协议。

十三 全球信息化时代，高校智库的应对策略

目前，南开大学经济与社会发展研究院在经济规划与政府政策、区域经济、产业经济、现代物流、综合交通及企业管理等领域已形成多学科综合研究优势。

为应对全球信息化发展态势，作为高校智库，南开大学经济与社会发展研究院的具体对策如下：第一，积极与国家部委建立长期战略合作关系，高起点服务国家重大经济和社会发展需求；第二，持续关注、追踪天津经济社会发展的现实需求，不断推出一系列高质量的资政建言研究成果；第三，以理论创新支持应用对策研究，不断孵化新兴学科，形成独特竞争优势；第四，引领搭建官产学研合作平台，继续扩大社会影响力，发挥为天津经济发展服务的独特作用。

十四 主要研究中心简介

南开大学经济与社会发展研究院下辖的主要研究中心（研究所）有：中国城市与区域经济研究中心：主要从事新城市经济学、区域经济规划的理论与实践、区域产业分析以及土地与房地产经济等领域的研究。产业经济研究所：主要从事产业组织、产业结构、产业规划与政策、产业效率等产业经济理论与应用问题的研究。现

代物流研究中心：主要从事区域物流产业发展战略、物流产业政策和物流系统优化方法、物流信息系统开发等方面的理论和应用研究。交通经济研究所：主要从事运输经济理论、运输规划与政策、中国交通运输发展战略、运输项目管理与评估的研究。教育部—南开大学教育与产业、区域发展研究中心：主要从事教育与产业经济、区域经济社会发展相关的重大问题研究。企业研究中心：主要从事企业管理诊断、企业绩效评价、现代企业制度建设和企业战略管理等领域的理论和应用研究。

经过多年的努力，南开大学经济与社会发展研究院依托南开大学学科齐全、学术精良的优势，以一支精炼的教学与科研队伍、实干的精神和高效率的工作逐步成为国内一流的经济、管理决策咨询中心和重点科研基地，连通理论研究与应用研究的桥梁，培养复合型研究人才的基地，综合多学科优势、培育新兴学科的学术机构。今后，南开大学经济与社会发展研究院将一如既往地面向社会主义经济建设主战场，关注我国改革开放中的重大问题、热点问题，力争为国家与地方的经济社会发展建言献策。

第八章

武汉大学党外知识分子统战工作研究基地

图8—1 武汉大学党外知识分子统战工作研究基地

一 武汉大学党外知识分子统战工作研究基地简介

武汉大学党外知识分子统战工作研究基地（Theoretical Research Center of United Front Work for Non-party Intellectuals of Wuhan University）成立于2004年12月，由中共中央统战部、中共湖北省委统战部与武汉大学党委共同举办，武汉大学党外知识分子统战工作研究基地主要依托武汉大学马克思主义学院，其办公地点亦设立在此处。

该基地设顾问若干名，顾问由中共中央统战部、中共湖北省委统战部主要领导及有影响的专家担任。设立主任1名、副主任若干人，由中共湖北省委统战部和武汉大学分别派人担任，负责领导基地建设工作；设立秘书长1人、副秘书长若干人，由中共湖北省委统战部和武汉大学分别派人担任，其中由武汉大学一方的副主任兼任秘书长。秘书长在主任、副主任的领导下具体负责基地各项事务性工作。

武汉大学党外知识分子统战工作研究基地自成立以来，在中共中央统战部、中国统一战线理论研究会的指导下，在中共湖北省委统战部和武汉大学党委的直接领导和支持下，基地大力开展学术交流，广泛吸收社会上有关专家学者参与党外知识分子统战理论研究，在不断推进全国党外知识分子统战工作理论创新、制度创新和实践创新方面做了大量有益的工作，逐步形成了遍布全国、特色鲜明、联系密切、相对独立的统一战线理论研究网络。

二 主要研究领域

武汉大学党外知识分子统战工作研究基地的研究重点领域是新形势下党外知识分子统一战线工作理论及实践，涉及学科有党的建设研究。

三 研究人员的管理模式

武汉大学党外知识分子统战工作研究基地的研究员全部是兼职人员，在全国各高等院校、科研院所、党校、社会主义学院从事相关研究的专家学者或统战部门实际工作者当中选聘专家。该基地在跟踪统战理论发展前沿、促进基地建设与发展、组织开展学术交流活动等方面发挥了重要作用。

武汉大学党外知识分子统战工作理论研究基地联系的全国知名专家约100人。其中较有代表性的有中国统一战线理论研究会常务理事、全国人大教科文卫专委会委员顾海良教授，北京师范大学党委副书记王炳林教授，中国人民大学马克思主义学院党委书记杨凤城教授，同济大学马克思主义学院院长丁晓强教授，华南师范大学马克思主义学院院长陈金龙教授，湖南师范大学公共管理学院中共党史研究所所长谭献民教授，河南师范大学副校长王桂兰教授，陕西师范大学陈答才教授，武汉大学马克思主义学院丁俊萍教授、宋俭教授，华中科技大学马克思主义学院副院长黄长义教授，华中师范大学党校常务副校长钟德涛教授，武汉理工大学马克思主义学院副院长王智教授，中南财经政法大学马克思主义学院院长龚先庆教授，湖北大学马克思主义学院院长徐方平教授，湖北省社会科学院原党委书记曾成贵研究员等。还有湖北省委、武汉市以及地市州、大型企业统战部门有关领导和研究室同志等。

由于没有专职人员，该基地研究员长期超负荷工作，不仅影响研究成果的及时推出，更严重影响研究的深入开展。所以，关于智库人员的管理模式方面，该基地的教授认为，智库的研究员应以兼职为主、专职为辅，但是智库行政管理工作一定要由专职人员承担完成。

四　研究经费的主要来源

武汉大学党外知识分子统战工作研究基地的专项建设经费主要来源于中共中央统战部、中共湖北省委统战部和武汉大学，还有武汉市地方政府部门和机构以课题委托方式拨款的科研经费。

五　研究成果的传播方式

智库研究成果的传播、影响方式有多种，武汉大学党外知识分子统战工作研究基地的教授认为，召开成果发布会比较适合高校智库。该基地的研究成果可通过论坛、会议予以发布，也可以在网站上发布。

该基地是中共中央统战部直属的研究机构，近期中央组织部也有意挂牌。目前，该基地建有纯中文界面的专门网站，网址为http：//www.marx.whu.edu.cn/tzjd/，网站有专人负责维护和更新内容。

高校智库作为高校服务社会的一种实现方式，应有别于政府部门主导的智库，重心在为党和国家（政府部门）的政策推行做前期理论准备并对相关实践问题做前瞻性、预见性研究，形成的政策建议基本上是政府推动政策的阐述、配套、深化和推行的方法方式。高校智库提供的研究产品既包括技术性对策，也涵盖战略性方案，更可提出理念，后两者应是适合高校智库扬长避短的着力点。

六　智库的评价指标体系

智库的评价指标应该是多样的，现有的智库评价指标体系尚未确立也不够成熟，武汉大学党外知识分子统战工作研究基地教授个人观点，反对政府机构主导的评价体系，尤其不能以领导的批示为评价尺度。智库评价指标应该包括向有关部门提交研究报告；参与有关部门调研和决策咨询；发表相关论文、出版相关著作或论文集；宣讲相关研究成果；组织培训；等等。

评价是一个长期的过程，即使一些研究成果被政府采用，也有可能经受不了时间长河的检验。公开出版论著更不应该是评价智库的尺度，它对一般科研机构的评价都积弊重重。评价体系应该在逐步探索的过程中建构，而且不易固化，例如，美国兰德公司的口碑不是靠研究成果被政府采用，也不是出版了多少论著。

七 智库的专业影响力

武汉大学党外知识分子统战工作研究基地在研究项目上注意吸收全国众多研究机构的研究人员参与。例如，2012年，该基地课题之一"新社会组织若干问题研究"，就是由华南师范大学和武汉大学的专家共同承担完成，其研究成果对国家制定相关政策具有重要的参考价值。

2015年，基地在深入调查研究的基础上，完成了《"塔西佗陷阱"与自媒体时代党外知识分子工作策略研究》《新形势下党外知识分子工作若干理论问题研究》《全面推进依法治国进程中的党外知识分子法律意识培养的路径研究》《民营企业家群体思想意识状况及对策研究》等重点课题研究，得到有关方面的好评，部分政策建议已被中共湖北省委及相关部门采纳，收入领导讲话稿或重要会议文件，形成重要决策并付诸实施，对实际工作产生了积极作用。基地与中共湖北省委统战部合作完成提交的《"塔西佗陷阱"与自媒体时代党外知识分子工作策略研究》调研报告，获得2015年度全国统战理论政策研究创新成果三等奖。

为贯彻落实党的十八届三中全会提出的"推进协商民主广泛多层制度化发展"重要精神，基地曾与湖北省社会主义学院联合组织专家学者合著了《中国特色政党协商与参政党建设》一书。该书从中国政党协商的特色、实践、制度化探索、参政党建设四个方面对政党协商进行了全面的梳理和深入的探讨，具有一定的理论意义和实践价值。基地还参与编写了《2015年全国统一战线理论研究成果蓝皮书》。据统计，2015年基地研究人员撰写的统战理论研究文章共计30余篇。

（一）主要研究人员出版专著情况

表8—1　　　　　　　　主要研究人员出版专著情况

书名	作者	出版社	出版年份	获奖情况
《马克思主义中国化史》（第一卷）	丁俊萍主编	中国人民大学出版社	2015	
《中国梦之中国力量》	丁俊萍主编	武汉大学出版社	2015	
《全面提高党的建设科学化一百问》	丁俊萍主编	武汉大学出版社	2013	
《领导核心 执政使命 伟大工程——中国马克主义执政党建设》	丁俊萍独著	武汉大学出版社	2014	
《当代中国执政党建设之路》	丁俊萍主编	湖南教育出版社	2014	
《中国梦之中国力量》	丁俊萍主编	武汉大学出版社	2014	
《三个代表思想源流和理论创新》	丁俊萍主编	中国社会科学出版社	2012	
《高校统战工作研究》	丁俊萍 宋俭 张静如	四川教育出版社	2009	中国统一战线理论研究会2009年度创新成果奖；北京市优秀党建读物奖
《国共两党关系90年图鉴》（1921—2011）	余克礼 贾耀斌主编 丁俊萍副主编	九洲出版社	2011	湖北省优秀党建读物奖
《中国共产党学习型政党建设史》	丁俊萍	长江出版社	2011	
《"三个代表"思想源流和理论创新》	丁俊萍	中国社会科学出版	2012	

续表

书名	作者	出版社	出版年份	获奖情况
《党外知识分子与中国特色社会主义》	丁俊萍	中央文献出版社	2011	
《道路 制度 理论体系》	顾海良	武汉大学出版社	2014	
《马克思主义发展史》	顾海良	中国人民大学出版社	2009	
《社会转型与组织化调控：中国社会治安综合治理组织网格研究》	唐皇凤	武汉大学出版社	2008	
《李达卷（中国近代思想家文库)》	宋俭 宋镜明	中国人民大学出版社	2015	
《中国式民主的神与形》	虞崇胜	湖北人民出版社	2011	
《中国共产党执政体制研究》	李华	人民出版社	2008	湖北省优秀党建读物奖
《中国特色社会主义理论体系的基本特征研究》	袁银传	武汉大学出版社	2014	
《中国共产党的历史方位与党的先进性建设研究》	吴向伟	中国社会科学出版	2009	
《民生 和谐 幸福——中国特色社会主义社会建设》	罗永宽	武汉大学出版社	2014	
《中共高校党建作用研究》	李向勇	中国社会科学出版	2012	
《自由职业者群体与新时期统一战线工作研究》	卢勇	中国社会科学出版	2013	
《社会变迁与知识分子群体的转型》	卢勇	黑龙江人民出版社	2008	2009年度全省统战理论研究成果一等奖

（二）举办的学术研讨会

武汉大学党外知识分子统战工作理论研究基地会适时举办党外知识分子统战工作领域的学术研讨会，专家座谈会，每年召开"党外知识分子与中国特色社会主义"理论研讨会，并将论文结集出版。

（三）公开出版刊物情况

武汉大学党外知识分子统战工作研究基地没有公开出版刊物，基地每年出版一卷《党外知识分子与中国特色社会主义》和《党外知识分子统战工作研究报告》（论文集）。2017年，基地还启动了学术丛书出版计划。经过专家评审，《当代中国自由择业知识分子及其政治参与》一书成为首部入选出版计划的专著。该书由武汉大学出版社出版。基地学术丛书出版计划以后将逐年推出，每年出版1—2种。

八 智库的政府影响力

（一）调研报告获得省、市政府领导批示情况

杨军教授参与撰写的《湖北省意识形态工作重要文稿》，于2016年8月由湖北省委书记李鸿忠、常委梁伟年批示，文中意见被湖北省委采用。卢勇副教授撰写的《当前社会思潮对湖北省新的社会阶层的影响及对策研究》调研报告，主要观点被湖北省委统战部采纳。卢勇副教授撰写的《新形势下新媒体从业人员思想动态研究》调研报告，主要观点被湖北省委统战部采纳。卢勇副教授撰写的《网络意见人士统战工作研究》调研报告，主要观点被湖北省委统战部采纳。宋俭教授的《新形势下民营企业家群体思想意识状况及对策研究》调研报告，主要观点被湖北省委统战部采纳。

（二）为政府培训人员情况

武汉大学党外知识分子统战工作研究基地每年都有多人次为党

政部门或相关培训班进行授课或举办学术讲座。据不完全统计，每年度基地组织专家为有关部门和单位及党外知识分子作专题讲座20余次。其中包括"党的领导与依法治国""执政党与法治国家建设——党的十八届四中全会解读""党的十八大与统一战线工作的新发展""高校党外知识分子服务创新型国家建设若干问题解读""如何做好新时期党外知识分子工作""党外知识分子的时代使命""中国梦与当代中国青年""充分发挥统一战线在协商民主中的重要作用"等。培训对象主要是省市、县级统战部门中层以上领导和部门工作人员。

（三）承担政府委托项目的情况

2017年，武汉大学党外知识分子统战工作研究基地在深入调查研究的基础上，完成了"新时期党外知识分子统战工作研究""高校党外青年教师政治思想状况及工作对策研究""新的社会阶层人士的利益诉求及对策研究"等重点课题研究，得到有关方面的肯定与好评。

表8—2　　　　　　　　承担政府委托项目的情况

课题名称	项目来源	主持人	研究周期
"三个代表"重要思想的科学内涵和精神实质	中央马克思主义理论研究与建设工程项目	顾海良	2010年1月至2012年12月
新形势下党的建设科学化研究（重大项目）	全国哲学社会科学工作办公室	丁俊萍	2010年1月至2013年7月
中国特色社会主义政治发展道路研究（重大项目）	全国哲学社会科学工作办公室	宋俭	2011年7月至2014年7月
公民有序政治参与与社会主义民主政治建设（一般项目）基于湖北、浙江等地的实践	全国哲学社会科学工作办公室	宋俭	2009年7月至2012年7月

续表

课题名称	项目来源	主持人	研究周期
当前社会思潮对新社会阶层的思想影响及对策研究	全国哲学社会科学工作办公室	卢勇	2013年7月至2015年7月
建国初期中国共产党城市管理思想与实践研究	全国哲学社会科学工作办公室	李珊珊	2013年7月至2015年7月
高校统战工作主题实践活动品牌培育研究	中华人民共和国教育部	卢勇	2013年7月至2014年7月
民主革命时期高等学校共产党组织的活动及其经验研究	中华人民共和国教育部	李向勇	2013年7月至2016年7月
十六大以来以胡锦涛同志为总书记的党中央对统一战线理论的丰富和发展	中共中央统战部	丁俊萍	2008年1—12月
新社会组织概念和基本情况研究	中共中央统战部	丁俊萍	2012年1—12月
自由职业人员基本状况、存在问题及对策研究	中共湖北省委统战部	卢勇	2009年1—12月
无党派知识分子在政治参与中的新情况新对策研究	中共湖北省委统战部	卢勇	2011年1—12月
新社会组织统战工作问题研究	中共湖北省委统战部	丁俊萍	2012年1—12月
做好新媒体从业人员统战工作问题研究	中共武汉市委统战部	宋俭	2013年1—7月

武汉大学党外知识分子统战工作研究基地曾协助湖北省委统战部开展《提高统战工作法治化水平问题研究》《经济发展新常态下开发区、工业园区党外知识分子统战工作研究》《党外领导

干部心理状态及其成因与对策》《推进协商民主制度化规范化研究》《高新技术民营企业服务地方经济发展路径研究》等课题的调研工作。

武汉大学党外知识分子统战工作理论研究基地在深入调查研究的基础之上，完成了中共中央统战部、中共湖北省委统战部和武汉市委统战部的十多项课题研究任务，研究成果获得有关方面的好评。

表8—3　　　　　　　　获奖研究成果

序号	成果名称
1	《以改革创新精神推进青年党外知识分子统战工作研究》
2	《新时期高校党外知识分子统战工作研究》
3	《马克思主义政治参与观视野下的党外知识分子统战工作研究》
4	《当代知识分子阶层社会意识变化与和谐社会的构建》
5	《党的知识分子政策的历史演变及其对当代中国发展的影响》
6	《高校党外知识分子参政情况研究》
7	《社会组织统战工作研究》
8	《发挥无党派人士群体作用的理论政策依据研究》
9	《无党派知识分子在政治参与中的新情况新对策研究》
10	《武汉地区新媒体从业人员现状调查研究》

（四）参加政府部门座谈会的情况

武汉大学党外知识分子统战工作研究基地人员每年都会参加中共中央统战部、中共湖北省委统战部、中共湖北省委组织部、湖北省政协、中共武汉市委统战部等举办的各类座谈会。例如，2016年基地主任韩进书记参加了中共中央统战部的专题座谈会并发言。

九　智库的社会影响力

中共中央统战部对 2017 年度全国统一战线理论研究基地工作情况进行了量化考核。经过严格的量化考核，党外知识分子统战工作研究湖北基地得分 87 分，在全国 11 个同类基地中排名第 4 位。

（一）国内媒体对机构的报道量

近年来，国内主流媒体如《光明日报》《湖北日报》《中国社会科学报》等有侧重于对武汉大学党外知识分子统战工作理论研究基地举办的研讨会进行了较多报道，省级刊物也对基地主办的学术研讨会议进行过报道。

目前，该基地在新媒体上有一定的关注度，但是从点击量上看关注度还不够多。

（二）智库主要负责人在媒体上关注度

武汉大学党外知识分子统战工作理论研究基地主要负责人虽是公众人物，但并未因为参加基地的活动和作出的贡献而受到媒体的额外关注。

十　智库的国际影响力

（一）与国外学术研究机构的合作交流

武汉大学党外知识分子统战工作研究基地主要与澳大利亚、越南的相关大学、研究所开展了一些学术合作交流活动。

（二）与本智库合作的国外智库的数量

2013 年，澳大利亚一位研究中共统一战线的学者曾经来武汉大学党外知识分子统战工作研究基地访问并做讲座、座谈。武汉大学党外知识分子统战工作理论研究基地与波兰一位中国问题专家有学术交流联系。

十一　全球信息化时代，机构如何应对挑战和变化

武汉大学党外知识分子统战工作理论研究基地研究员认为，应"因时而化、顺势而变、因时而新"。通过数据挖掘、研究方式方法上求变是必需的，多方求得合作与支持，不宜一味坐等上级部门的拨款。服务方式和研究成果呈现方式也可多元化。

通过多年来围绕党外知识分子统战工作开展多学科交叉研究的实践，武汉大学党外知识分子统战工作理论研究基地建设积累了丰富的经验。该基地贯彻"面向任务、面向问题、面向项目"的原则，采取决策、执行和监督分离的管理模式，各方面制度建设较为完善、体制较为健全，机制运转良好，保证了研究工作的顺利进行。在充分吸收武汉大学校内资源的基础上，通过与湖北省社会主义学院、武汉市社会主义学院、湖北省统战理论研究会统战工作理论与实践研究基地等单位建立战略合作关系，共同建设武汉大学党外知识分子统战工作理论研究基地，保证理论研究和应用研究的顺利进行。

武汉大学党外知识分子统战工作理论研究基地将在保持原有党政和学术团体联系的同时，进一步与中共中央统战部特别是中共湖北省委统战部密切合作，发挥高校的学科学术优势和统战部门的实践优势，打造全国性的党外知识分子统战工作理论研究的权威平台，适应全面建成小康社会新阶段的党的统战工作，尤其是党外知识分子统战工作的需要，有针对性地设计研究课题，组织研究力量，开展党外知识分子统战工作理论、历史和现实研究，努力将基地建设成为全国党外知识分子统战工作理论研究基地、政策咨询中心、人才培养中心、学术交流中心、信息资料中心、协同创新中心。

武汉大学党外知识分子统战工作理论研究基地将围绕党外

知识分子统战工作领域的重点难点问题深入开展理论政策研究，为中共中央统战部和地方党委、政府决策提供参考，坚持解放思想，实事求是，搭建平台，整合资源，立足实践，瞄准前沿，开拓创新，力争形成在全国有影响的优秀理论研究成果，不断推进统战工作理论创新。

第九章

瞄准学科前沿,创新基础理论
——武汉大学媒体发展研究中心

图9—1 第八届跨文化传播国际学术会议(ICIC2015)

一 武汉大学媒体发展研究中心简介

武汉大学媒体发展研究中心(Center for Studies of Media Development Wuhan University)是中国传播创新研究的重要平台。于2002年7月成立,2004年12月列入教育部人文社会科学重点研究基地,成为教育部认定的新闻传播学科四大研究基地之一。

2015年、2016年连续两年荣获中国传媒学科杰出贡献奖（机构类），被誉为有创新活力的研究中心。武汉大学媒体发展研究中心负责人单波教授，副主任肖珺研究员。中心下设三个研究室，媒介理论研究室、媒介战略研究室、媒介经济研究室。武汉大学媒体发展研究中心入选《中国智库名录（2015）》，"985"高校所属智库。

二 中心宗旨

武汉大学媒体发展研究中心瞄准学科前沿，致力于科学研究、人才培养、学术交流、咨询服务和信息库建设，在创新、连通、共享的过程中，不断加快团队建设，扩展研究中心的思想库、信息库、人才库功能，大力促进机构发展和提升品牌影响力。中心联合各类传媒机构，在传媒调研、数据挖掘、人员培训、媒介战略规划等方面展开深度合作，为中国传媒与社会发展提供理论支撑与咨询服务，努力打造一个具有高学术品位和国际影响力的一流中国特色新型高校智库。

三 主要研究领域

武汉大学媒体发展研究中心立足以中国问题为导向的传媒研究，重点关注中国传播能力建设研究、互联网传播形态与中西部社会治理、新媒体环境下中国媒体新闻传播创新研究、"一带一路"倡议与跨文化传播、智能化背景下中国传媒和广告产业创新研究等领域。

（一）媒介理论

武汉大学媒介理论研究开始于1986年，经过十多年的建设和发展，该研究方向形成了以单波教授和石义彬教授为主要学术带头人、年富力强、高学历、有特色的学术队伍，在全国形成了一定的学术地位。学术研究特色主要有以下4个方面：第一，注重中西新闻传播观念发展研究。第二，从媒介理论的跨学科特性出发，充分利用武汉大学现有的人文社会科学学术资源优势，从文化学、经济学等多角度研究媒介发展现象。第三，注重跨文化与跨地区媒介文化的比较研究和媒介发展研究。第四，注重培养研究队伍的跨文化研究能力，促使媒介研究向跨文化传播领域延伸发展。

（二）媒介战略

媒介战略研究是武汉大学新闻与传播学院在20年多的办学历程中形成的传统特色研究方向。涉及的主要研究领域包括中外媒介体制、媒介政策、媒介发展战略、传播法规和伦理。媒介战略在媒介发展研究中占有较为重要的地位。长期以来，学术界的兴趣一直集中于政治教化、政策宣传、新闻业务、传播策略等方面，而对于媒介发展战略及相关问题，却缺乏必要的研究。如此在一定程度上制约了当前中国传媒的发展。该方向重点研究5个问题：中国媒介体制改革研究；50年来中国媒介政策研究；传播法研究；中国新闻道德与行业自律研究；WTO背景下中国媒介发展战略研究。

（三）媒介经济

媒介经济是媒介研究中新兴的一个重要研究领域。当现代社会进入以信息资源为基础的信息经济时代，现代媒介以其信息生产与传播的产业化与市场化运作，成为现代社会信息经济的重要构成。该研究方向对于我国传媒产业与传媒经济的发展和现代信息经济的飞速成长，均具有理论创新与现实意义。

四 研究人员的管理模式

武汉大学媒体发展研究中心人员管理模式采取专职与兼职并重。目前，中心有专职和兼职人员数名。下设媒介理论、媒介战略、媒介经济、跨文化传播4个研究团队，以问题研究为导向搭建跨学科的研究队伍。中心广纳海内外媒体研究领域的学术精英，形成了有共同致思取向的学术共同体，面向人类传播智慧，面对中国传播问题，寻找传播创新路径。

五　研究经费的主要来源

武汉大学媒体发展研究中心的研究经费主要来源于教育部和武汉大学的财政拨款。

六　智库代表性研究成果

武汉大学媒体发展研究中心持续开展中国传播创新实践深度调研工作，深度感知中国传播的难点、疑点与热点问题，揭示媒体与社会发展的问题与路径，每年定期出版《中国媒体发展研究报告》（媒体卷）和《中国媒体发展研究报告》（社会卷）等前沿调研成果。

七　智库的评价指标体系

武汉大学媒体发展研究中心研究员认为智库的评价指标应该是多元化的，科学评价智库研究成果主要应包括创新性、现实性、被接受程度、产生的效益、社会影响力、学术关注度等方面指标。

八　智库的专业影响力

根据调查问卷得知武汉大学媒体发展研究中心有专、兼职研究人员共计32人，绝大多数研究人员都有访学经历，其中2人在国外获得博士学位。

武汉大学媒体发展研究中心自成立以来，取得了丰硕的研究成果。已经出版系列理论研究成果，主要包括《新闻传播与媒介化社会关系研究书系》《新闻传媒发展与构建和谐社会关系研究》《珞珈问道文丛》《新闻传播学：问题与方法丛书》《跨文化传播研究丛书》，不断探索研究中国传媒与社会发展的核心问题。中心研究员撰写的论文被CSSCI引用60多次。

（一）主要研究人员公开发表文章情况

根据调查问卷得知，2013—2015年，武汉大学媒体发展研究中心研究员共计在期刊上发表文章140余篇，中文核心期刊57篇，CSSCI来源期刊52篇。

表9—1　2015年发表中文核心期刊、CSSCI来源期刊论文情况

序号	作者	论文名称	期刊名称	时间
1	单波	《中西新闻比较与认知中国新闻业的文化心态》	《学术研究》	2015年1月
2	单波	《中西方的相遇与中西比较》	《全球传媒学刊》	2015年4月
3	单波	《新闻隐匿权：未完成的理论表达及其思想困境》	《现代传播》（中国传媒大学学报）	2015年12月
4	单波	《战时日本新闻的"沦陷"与日本国民性的联系》	《北大新闻传播评论》	2015年12月
5	辛静、单波	建构具有对话性的中国形象——评纪录片《中国面临的挑战》	《当代传播》	2015年7月
6	李文冰、强月新	《传播社会学视角下的网络传播伦理失范治理》	《湖北大学学报》（哲学社会科学版）	2015年3月
7	强月新、刘莲莲	《对主流媒体传播力、公信力、影响力关系的思考》	《新闻战线》	2015年3月
8	强月新	《"动向新闻"特色鲜明，大有可为》	《新闻前哨》	2015年3月
9	强月新、刘莲莲	《我国媒介规制结构、问题及制度性根源》	《武汉大学学报》（人文科学版）	2015年5月
10	刘莲莲、强月新	传播方式变革、治理观念变化与社会变迁——国内新媒体研究的焦点与态势	《新闻与传播评论》（辑刊）2014	2015年4月
11	姚曦、韩文静	《参与的激励：数字营销传播效果的核心机制》	《新闻大学》	2015年5月

续表

序号	作者	论文名称	期刊名称	时间
12	林颖、石义彬	《反思与超越：论媒介与文化研究的功能主义意识形态》	《北京理工大学学报》	2015年7月
13	吴鼎铭、石义彬	《社交媒体"Feed广告"与网络受众的四重商品化》	《现代传播》（中国传媒大学学报）	2015年6月
14	王瀚东、周中斌	《大学形象研究的布尔迪厄立场——〈国家精英〉的启示》	《新闻与传播评论》（辑刊）2014	2015年4月
15	李倩岚、王瀚东	《我国少数民族文化传播的现代转型探析》	《理论月刊》	2015年10月
16	李孝祥、王瀚东	《再度阐释：社会学家从美国大众传播研究中"退场"之原因》	《新闻大学》	2015年9月
17	周茂君	《我国广告管理体制改革刍议》	《新闻与传播评论》（辑刊）2014	2015年4月
18	冉华	《2007—2013广播、电视与网络媒介产业间的竞争态势——基于生态位理论与受众资源的实证分析》	《现代传播》（中国传媒大学学报）	2015年11月
19	冉华、王凤仙	《从边缘突破：广播媒体的融合发展研究》	《中国广播电视学刊》	2015年11月
20	冉华、王凤仙	《从边缘突破：移动互联网环境下广播媒体的融合发展之路》	《新闻界》	2015年4月
21	冉华、李杉	《中国传媒产业规制研究的学术图谱——基于文献关键词的共现分析》	《现代传播》（中国传媒大学学报）	2015年4月
22	冉华、李杉	《传媒产业规制研究的基本状况与两个核心问题》	《当代传播》	2015年1月
23	张金海、秦祖智	《中国传媒经济学理论体系的建构思路》	《当代传播》	2015年5月
24	曾琼、张金海	《中国广告学知识生产的"科学共同体"尚未形成——基于期刊论文的文献计量学分析》	《新闻与传播评论》（辑刊）2014	2015年4月
25	蔡立媛、张金海	《蝴蝶效应：微信谣言的传播机制》	《当代传播》	2015年11月

续表

序号	作者	论文名称	期刊名称	时间
26	曾琼、张金海	《传媒经济学研究范式的再讨论》	《新闻记者》	2015年7月
27	张金海	《中国广告学知识生产研究方法检视——基于新闻传播学CSSCI期刊论文的实证分析》	《现代传播》（中国传媒大学学报）	2015年10月
28	蔡立媛、张金海	"媒介涵化受众"与"受众涵化媒介"：大数据环境下网络涵化模式的重构	《出版广角》	2015年8月
29	吕尚彬	《穹顶之下：产品结构、互联网思维与"引爆点"》	《今传媒》	2015年9月
30	吕尚彬	《试论中国数字报业2.0》	《中国报业》	2015年6月
31	夏琼、覃进	《准确地把真实情况告诉公众——谈政府新闻发布制度化的内容把关》	《新闻战线》	2015年12月
32	夏琼、覃进	《搭建政府与公众之间的沟通桥梁——新媒体环境下扩大政府新闻发布的公众参与问题》	《新闻界》	2015年10月
33	景天成、夏琼	《新世纪以来新闻采访研究综述》	《新闻与传播评论》（辑刊）2014	2015年4月
34	黄钦、夏琼	《传统主流媒体与网络公共领域的内在机理》	《重庆社会科学》	2015年6月
35	刘建明	《"仪式"视角下传播研究几个关键词被误读现象研究》	《国际新闻界》	2015年11月
36	刘建明、徐开彬	《"仪式"作为传播的隐喻之原因探析》	《湖北大学学报》（哲学社会科学版）	2015年7月
37	周翔、李镓	《西方另类媒体概念再辨析：基于历史演进与实践的视角》	《新闻与传播评论》（辑刊）2014	2015年4月

（二）主要研究人员出版专著情况

根据调查问卷得知，2013—2015 年，武汉大学媒体发展研究中心出版专著 20 余部，其中 2013 年 3 部、2014 年 10 部、2015 年 7 部。

表 9—2　　　　　　　　　专著出版情况

序号	作者	著作名称	出版社	出版年份
1	张金海、程明等	《广告经营与管理》	高等教育出版社	2013
2	程明 张金海	《广告经营学》	北师大出版社	2013
3	周茂君	《广告法规与管理教程》	中央广播电视大学出版社	2013
4	罗以澄	《媒介思辨录》	社会科学文献出版社	2014
5	石义彬	《传播研究：国际视野与中国实践》	社会科学文献出版社	2014
6	单波	《新闻传播学的学术想象与教育反思》	社会科学文献出版社	2014
7	周光明	《近代新闻史论稿》	社会科学文献出版社	2014
8	吕尚彬	《中国报业：在市场与互联网视域下的转型》	社会科文献出版社	2014
9	石义彬	《批判视野下的西方传播思想》	商务印书馆	2014
10	周翔	《传播学内容分析研究与应用》	重庆大学出版社	2014
11	李小曼	《中国十五大传媒集团产业发展报告》	人民出版社	2014
12	夏琼	《大众媒介与政府危机公关》	人民出版社	2014
13	王瀚东	《电视摄像》	高等教育出版社	2014
14	单波	《文化冲突与跨文化传播》	中国社会科学出版社	2015
15	单波	The Ethics of Intercultural Communication	NewYork：PeterLang	2015
16	单波	《全球媒介的跨文化传播幻象》	上海交通大学出版社	2015
17	单波	《中国近代思想家文库：唐君毅卷》	中国人民大学出版社	2015
18	强月新	《传媒改革：观察与思考》	中国社会科学出版社	2015
19	程明	《品牌归于管理》	人民出版社	2015
20	周翔	《话语研究：多学科导论》	重庆大学出版社	2015

(三)研究报告获得政府采纳情况

根据调查问卷得知,2013—2015年,武汉大学媒体发展研究中心研究报告被采用两份:张金海教授的研究报告《中国十五大传媒集团产业发展报告》,被湖北省教育厅采纳;强月新教授的研究报告《新形势下提高主流媒体传播力公信力影响力调查研究》,被湖北省委宣传部采纳。

九 智库的政府影响力

(一)承担政府委托项目情况

根据调查问卷得知,2013—2015年,武汉大学媒体发展研究中心专职研究员承担各级政府委托项目8项,详情如下:主持人夏倩芳,课题名称:"广播电视公共服务指标、运营、保障体系研究",委托单位:国家广播电影电视总局。主持人秦志希,课题名称:"新媒体时代广播电视舆论引导能力研究",委托单位:国家广播电影电视总局。主持人张卓,课题名称:"广播电视创新新闻报道研究",委托单位:国家广播电影电视总局。主持人石义彬,课题名称:"云南桥头堡战略背景下政府新闻执政能力建设研究",委托单位:云南省教育厅。主持人石义彬,课题名称:"新兴媒体发展规律研究",委托单位:湖北省委宣传部。主持人夏琼,课题名称:"武汉市新闻发言人制度的构建与创新",委托单位:武汉市市委。主持人石义彬,课题名称:"海南省地图网站改造",委托单位:国家测绘局海南基础地市信息中心。主持人夏倩芳,课题名称:"《太行日报》改革与发展的调研项目",委托单位:山西晋城市委宣传部。

(二)特色科研项目

中心的"特色科研项目"有"跨文化传播国际学术会议",2013年举办第七届,2015年举办了第八届。以下介绍第八届会议情况。

2015年11月20—22日，第八届跨文化传播国际学术会议（ICIC 2015）在武汉大学新闻与传播学院召开。会议主题为"族群交流、国家形象与跨文化传播"，来自17个国家和地区的专家在会上宣读了57篇最新研究成果。据悉，2004年以来，武汉大学新闻与传播学院已逾十年连续举办该会议，本次会议的主办方还有：武汉大学媒体发展研究中心、国家文化软实力协同创新中心。武汉大学李斐副校长在会议开幕致辞中评价："跨文化传播国际学术会议已经成为具有影响力的国际学术交流平台，受到国内外学术界的广泛关注。"

来自法国、英国、美国、德国、瑞典、俄罗斯、澳大利亚、挪威、奥地利、塞尔维亚、斯里兰卡、巴基斯坦、印度、中国大陆和中国港澳台的学者们讨论了11个相关议题：全球化时代的国家形象；跨国形象感知与传播策略；多元文化中的国家形象；跨族群交流与族群形象；公众生活与跨文化形象；新闻与跨文化传播发展；他者化的中国形象；文化与国家形象；族群、国家与跨文化冲突；中国形象的跨文化感知；全球视野中的国家形象与文化身份。这些研究纷纷指向当下世界各类纷争和灾难，民族、宗教、政治、商业等社会冲突让学者们提出跨文化传播的理论创新和对策建议，彰显了世界各国学者的学术使命感。

会议召集人单波教授对大会做了三个方面的总结：第一，反思了全球化时代的国家形象，转向在多元互动中充满自我更新活力的国家形象；第二，在多元文化主义遭遇困境的情况下，探索了族群交流的新路径；第三，推进了媒介化时代的国家形象建构研究，并使其向跨文化转向。

武汉大学媒体发展研究中心就前沿学术问题与世界范围内的学者进行互动沟通，此举不仅有利于国内学界更及时、更深入地了解全球学科发展动态，更可以促进中国学者与世界学术的对话与合作。

图 9—2　武汉大学媒体发展研究中心跨文化传播国际学术会议

（三）智库为政府人员培训的情况

根据调查问卷得知，2013—2015 年，武汉大学媒体发展研究中心共计为各级政府机构组织过十余次培训，其中为省部级单位培训 3 次，为武汉市、深圳市、襄阳市、宜昌市培训 9 次，为中山市、《中山日报》等单位组织培训 4 次。

（四）参加政府部门座谈会的情况

根据调查问卷得知，武汉大学媒体发展研究中心研究员，2013—2015 年参加中宣部座谈会 8 次，参加湖北省委宣传部座谈会 10 次，《湖北日报》、湖北电视台等省级媒体座谈会 25 次，参加《长江日报》、武汉电视台举办的座谈会 10 次。

十　智库的社会影响力

武汉大学媒体发展研究中心建有专门的中文网站，有专人维护，定期更新内容，网址：http://media.whu.edu.cn/；微信公众号（WHU-CSMD）。武汉大学媒体发展研究中心通过主办学术研讨会、全国性学术会议、国际学术会议等方式与国内外专家学者进行交流，中心研究员通过以上几种途径传播研究成果。

（一）国内主流媒体对智库的报道量

2013—2015年，武汉大学媒体发展研究中心被国内主流媒体报道十余次。

（二）智库及其主要负责人在新媒体上的关注度

武汉大学媒体发展研究中心历次举办的学术活动都得到了各类新媒体平台的关注，各位研究员的学术观点和政策建议也都被新媒体广泛转载。

十一　智库的国际影响力

智库的影响力，并不在于其规模和级别，而是取决于其"思想产品"，即研究成果的质量。

（一）保证研究成果质量第一

武汉大学媒体发展研究秉持这一理念，着力打造具有品牌影响力的研究成果，并转化为具有影响力的出版物和智力产品。武汉大学媒体发展研究中心专职研究员每年平均有十余人次参加国际学术会议并发言，宣传其研究成果。

武汉大学媒体发展研究中心与法国波尔多三大组织传播研究中心联合举办跨文化传播国际学术会议，与韩国成均馆大学新闻放送学院联合举办广告与文化传播国际学术会议，与瑞典跨文化生活研究中心和延雪平大学联合举办跨文化传播学术夏令营。中心研究员单波教授与美国教授克里斯琴斯合著《跨文化传播伦理问题》,由美国 Peter Lang 出版公司出版。

(二) 与本智库合作的国外智库

武汉大学媒体发展研究中心与瑞典跨文化生活研究中心、瑞典延雪平大学于2015年7月合办的跨文化传播夏令营被瑞典《延雪平邮报》以"中国人来瑞典探寻高质量生活"为题进行了报道。

(三) 搭建立学术交流平台

第一,武汉大学媒体发展研究中心参与建设教育部人文社会科学重点研究基地智库联合体（University Think Tank Union）以及"一带一路"沿线国家研究智库联盟,形成了研究机构之间的互联互通;第二,定期举办"跨文化传播国际学术会议",构建有国际影响力的学术交流平台;第三,联合中西部高校的相关研究机构,共同合作举办区域性文化传播学术会议,围绕特定的传播问题深化学术交流;第四,积极与国际著名研究机构合作举办双边主题学术讨论,开展深度学术合作。

十二　目前存在的主要困难

第一,高校智库与政府机构脱节,不能及时了解政府的实际需要,难以形成有效的咨询服务;第二,高校与社会脱节,很难扎根基层做调研,习惯抓一些数据做研究;第三,科研经费使用困难,没有体现智力劳动的价值。

十三　全球信息化时代,高校智库如何应对其挑战和变化

武汉大学媒体发展研究中心负责人认为,高校智库的主要功能为信息功能和咨询功能,即取得理论创新研究成果,解决重大现实问题,为党和政府的重大决策提供咨询建议。全球信息化时代,面

临的挑战主要来自知识爆炸、信息混杂、信息生产多元化和个人化。而应对的方法则主要是协同创新。武汉大学媒体发展研究中心要充分发挥协同创新机制，围绕重大社会文化问题展开跨校、跨学科合作；打破学科壁垒，以问题为导向建构专家团队，构建一流高校智库，更好地发挥智库的作用。

图9—3 《延雪平邮报》对2015年首届瑞中"跨文化传播"夏令营的报道（2015年7月瑞典媒体报道）

第十章

博达、求索、创新、奉献
——武汉大学社会保障研究中心

图10—1　武汉大学社会保障研究中心

一　武汉大学社会保障研究中心简介

武汉大学社会保障研究中心（Center for Social Security Studies of Wuhan University），是在原武汉大学经济学院金融保险系社会保障教研室、原武汉大学社会保障研究中心、社会保障研究所和武汉大学商学院公共管理与社会保障系的基础上组建而成的。于1993年12月正式成立，2000年获批教育部人文社会科学重点研究基地。

10多年来，经过中心全体成员的共同努力，在社会保障理论与实务研究方面形成了一定的优势。中心现有社会保障专业和公共经济管理专业两个博士点，有公共管理博士后科研流动站和全国唯一的社会保障国家级重点学科。同时，社会保障学科还被列入国家"211工程"建设项目。2004年，中心成为国家"985工程"二期建设项目——社会保障研究创新基地，该基地系全国唯一的国家级社会保障研究创新平台。中心已成为全国社会保障研究领域的专门人才库和人才培养培训基地。

中心下设研究机构有养老保险研究所、健康经济与养老服务研究所、社会保障法规研究所、社会保障基金管理研究所、医疗卫生与工伤保险研究所、就业与失业保险研究所、公共经济与公共政策研究所、社会福利与救助研究所、社会保障智库建设研究所、中国儿童安全发展与保障研究所等。

2015年，在全国参与评估的151个教育部人文社会科学重点研究基地中，中心获得了优秀等级，综合排名全国第八，社会服务能力排名第6，决策支持能力排名第5。2016年，中心入选"中国智库索引（CTTI）"首批来源智库，2017年入选教育部"高校高端智库联盟"成员单位，在浙江工业大学全球智库研究中心发布的《中国大学智库发展报告（2017）》中，武汉大学社会保障研究中心综合排名第41名，高校智库建设初显成效。中心的目标是努力建成全国社会保障与公共经济管理专业人才培养中心、学术研究中心、全国社会保障与公共经济政策服务咨询中心、全国社会保障与公共经济管理学术交流中心和信息资料中心、高端智库。

二　办院宗旨

中心秉承"博达、求索、创新、奉献"的精神，励精图治，继往开来，为繁荣中国的社会保障与公共经济管理学科，促进中国社会保障与公共经济事业的发展,将一流学科建设与新型智库建设紧密结合在一起,运用科学的研究方法,围绕中国社会保障制定改革和发展中需要解决的重大理论与实际问题进行研究,为国家有关部门献计献策。

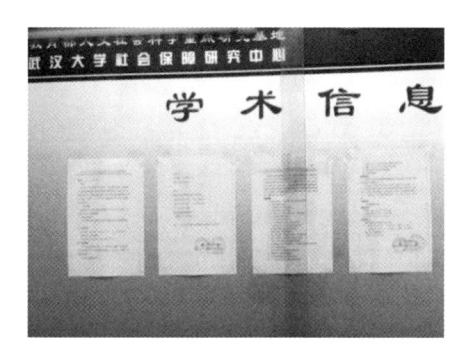

图10—2 武汉大学社会保障研究中心宣传栏

三 主要研究领域

中心主要开展社会保障理论与实务研究,包括就业政策、劳动政策、社会保障政策研究等。

四 研究人员的管理模式

武汉大学社会保障研究中心研究工作基础好,研究队伍整体素质高,科研能力较强。中心采取专职和兼职并用的人员管理方式,现有研究人员71人,其中专职研究人员35人,兼职研究人员36人;80%的人拥有海外研修访学的经历,国外研究人员9人。中心的专职人员均在55岁以下,具有很好的发展潜力。目前,中心主任为向运华教授,中心副主任为张奇林教授和薛慧元副教授。中心的教授认为采用全职与兼职的相互配合的方式,可以让全职智库管理人员掌握智库建设开发的核心技术和授权权限,可以保证智库资源的安全和整体运行;而兼职人员则可自由安排,在时间和空间上都能合理利用，且相比全职人员的薪酬、员工管理费用等开支较少，节约了智库建设的成本费用。

五 研究经费的主要来源

中心的研究经费主要来源于教育部主管部门和校院级部门的财政拨款。

六 智库的专业影响力

（一）公开出版发行刊物

中心主办有《社会保障研究》和《管理研究》（内刊）两本学术期刊。《社会保障研究》由教育部主管、武汉大学主办，国内外公开发行，是CSSCI扩展版来源期刊。该刊坚持以中国特色社会主义理论为指导，反映劳动与社会保障领域的最新研究成果，以促进社会保障学科的发展，推动社会保障理论研究。

（二）主要研究成果

中心已出版与社会保障有关的著作和教材四十余种，发表重要学术论文150多篇。每年与实际工作部门合作撰写《中国社会保障改革与发展报告》，并联合召开研究成果发布会，受到社会各界、政府部门的广泛关注。截至2016年，《中国社会保障改革与发展报告》已经连续出版9本，中心的邓大松、刘昌平等教授撰写，由北京大学出版社出版，其是武汉大学社会保障研究中心组织国内社会保障领域诸多知名学者和专家，共同编著的一份重要的年度研究报告，也是教育部哲学社会科学研究资助项目"中国社会保障改革与发展报告"（10JBG009）的重要研究成果。该研究报告重点关注社会保障理论研究与国际比较研究中的前沿问题，当前中国经济社会发展过程中凸显的社会矛盾和民生问题，中国社会保障制度改革过程中的焦点、难点和热点问题。

此外，中心的代表性研究成果还有张郧教授主持的两个项目研究成果——《养老保险风险管理研究》和《新常态下养老产业发展路径研究》。邓大松、薛惠元、孟颖颖等撰写的《武汉市社会保障制度研究》（人民出版社2017年版）。该书系2015年江汉大学武汉研究院"武汉研究院开放性课题"重点项目"武汉市社会保障制度研究"最终研究成果。

七 智库的政府影响力

中心研究人员担任多个政府部门、社会团体和高校的顾问与学术兼职。通过开展资政服务，提高了中心的综合研究能力、参政议政能力，成为全国知名的社会保障思想库和高端智库。

中心研究人员辜胜阻教授在全国政协会议上提出的《关于就业和失业保险制度的思路和对策案》被评为优秀提案。赵曼教授针对湖北省再就业培训工作提出的"一站式"再就业培训模式建议引起了湖北省委、省政府的高度重视。此外，中心研究人员还担任多个政府部门、社会团体和高校的顾问与学术兼职。通过开展咨询服务活动，中心提高了综合研究能力和参与政府决策的能力，成为全国知名的社会保障思想库和咨询服务基地。

此外，中心非常重视与实际工作部门开展合作，中心研究员撰写的研究报告多次被政府部门采纳。

表10—1　　　　　　　研究报告获得政府部门采纳情况

序号	研究报告	采纳单位	采纳时间	执笔人
1	《完善养老保险体系与扩大内需》	湖北省总工会	2009年9月14日	邓大松、张郧
2	《金融危机下我国就业现状及对策》	湖北省人事资源和社会保障厅	2009年5月5日	邓大松、黄溪

续表

序号	研究报告	采纳单位	采纳时间	执笔人
3	《完善医疗保障体系与扩大内需》	湖北省人事资源和社会保障厅	2009年5月5日	邓大松、吴振华、于晓薇
4	《扩大内需条件下的中国社会保障建设》	湖北省财政厅	2009年4月5日	邓大松、胡宏伟、张路、吴振华
5	《充分发挥工会组织在社会保障建设中的作用》	中华全国总工会	2010年3月8日	邓大松、刘昌平
6	《新型农村社会养老保险试点的微观考察及启示》	湖北省人民政府	2010年12月30日	邓大松、洪日南、何晖
7	《重视发挥工会组织在企业年金管理中的作用》	中华全国总工会	2010年3月8日	刘昌平、谢婷
8	《嘉鱼县发展农民专业合作社中完善社区治理的研究》	湖北省嘉鱼县人民政府	2011年10月1日	赵曼、程翔宇
9	《西藏自治区被征地农牧民养老保障办法》	西藏自治区人力资源和社会保障厅	2011年1月21日	卢海元
10	《"十二五"被征地农民社会保障事业发展规划纲要（草案）》	人力资源和社会保障部农村社会保险司	2011年4月18日	卢海元
11	《关于被征地农民参加新型农村社会养老保险的建议》	湖北省财政厅	2011年6月15日	邓大松、刘昌平、薛惠元
12	《新型农村社会养老保险制度的财政风险研究》	湖北省财政厅	2011年6月15日	邓大松、张晓巍、蔡晓秀
13	《创建国家"三化"协调发展示范区研究报告》	湖北省人民政府咨询委员会	2013年9月29日	赵曼
14	《提升居民幸福指数推进湖北民生建设》	湖北省人民政府政策研究室	2013年9月29日	赵曼
15	《立足"四化同步"，创建农村新型社区》	中共襄阳市委农村工作委员会	2013年8月10日	赵曼、周红云
16	《宜昌市猇亭区农村新型社区集聚建设中的"标准"研究》	湖北省宜昌市猇亭区人民政府	2013年7月10日	赵曼

续表

序号	研究报告	采纳单位	采纳时间	执笔人
17	《加快转移农民"市民化"与社会管理创新研究报告》	中共湖北省委财经工作领导小组办公室	2013年9月30日	赵曼
18	《农民工住房与城市融合——基于武汉市的调查》	共青团武汉市江岸区委员会	2013年10月8日	孟颖颖、吴振华、韩俊强
19	《农民工城市融合中的"收入悖论"——基于武汉市的调查》	共青团武汉市江岸区委员会	2013年10月8日	孟颖颖、吴振华、韩俊强
20	《农民工社会保险需求与城市融合——基于武汉市的调查》	共青团武汉市江岸区委员会	2013年10月8日	孟颖颖、吴振华、韩俊强
21	《农民工住房与城市融合——基于武汉市的调查》	共青团武汉市江岸区委员会	2013年10月8日	孟颖颖、吴振华、韩俊强
22	《关于建立弹性福利体系提高职工福利水平的政策建议》	中华全国总工会	2013年7月26日	邓大松、孟颖颖
23	《关于规范新农保地方财政补贴办法的政策建议》	西藏自治区人力资源和社会保障厅	2013年6月6日	邓大松、刘昌平、殷宝明
24	《城镇化背景下失地农民社会保障问题研究》	中华全国总工会	2013年12月2日	邓大松、李滨生、丁怡、许晓丹
25	《失地农民就业问题研究》	中华全国总工会	2013年4月21日	邓大松、李滨生、丁怡、许晓丹
26	《关于城镇职工基本养老保险财务可持续性的政策建议》	中华全国总工会	2013年7月12日	邓大松、薛惠元、叶璐
27	《建设"幸福湖北"的行动纲领》	湖北省人民政府政策研究室	2013年9月29日	赵曼、薛新东、吕国营
28	《老龄社会老有所养的顶层设计》	民政部社会福利和慈善事业促进司	2013年12月27日	杨燕绥、胡乃军、刘广君
29	《强化市场在质量治理中的基础性作用》	国家质检总局	2013年10月28日	程虹
30	《创新"助保贷"业务 助力小微企业发展》	中国建设银行	2014年8月13日	邓大松

续表

序号	研究报告	采纳单位	采纳时间	执笔人
31	《我国养老保险制度可持续性及其解决方案的思考》	中央财经领导小组办公室秘书局	2014年9月15日	郑秉文
32	《落实民生优先，打造幸福湖北》	中国人民政治协商会议湖北省委员会办公厅	2014年2月26日	周长城
33	《关于武汉市远城区城镇化发展建议》	中国人民政治协商会议湖北省委员会办公厅	2014年2月26日	周长城
34	《现行补差发放低保金政策模式的执行效率及完善建议》	民政部社会救助司	2015年3月16日	邓大松、薛惠元、柳光强
35	《社会力量参与社会救助制度的路径选择》	民政部社会救助司	2015年3月15日	邓大松、吴振华
36	《城镇化背景下湖北省失地农民问题研究》	中共湖北省委财经工作领导小组、中共湖北省委农村工作领导小组	2015年2月6日	邓大松、张郧、丁怡、许晓丹

图10—3　武汉大学社会保障研究中心科研成果展示栏

（一）智库为政府培训人员数量

近年来，中心为政府培训了较多人员，来自西安交通大学、中山大学等全国各地 15 所高校的教研人员以及来自国家劳动和社会保障部、民政部、卫生部、湘财证券、美国安泰国际金融公司深圳代表处等实际部门的工作人员共 196 人先后参加了中心举办的各种培训班。

（二）承担政府委托项目情况

近年来，中心承担了国家自然科学基金重点项目、国家社会科学基金重点项目、教育部重大项目、教育部攻关项目、湖北省社会科学基金重点项目等省部级以上科研项目共 30 多项。

（三）研究成果获奖情况

中心研究成果曾获得教育部人文社会科学研究优秀成果一等奖、湖北省社会科学研究优秀成果奖等国家级和省部级奖励 20 余项。近期代表性成果获奖有：邓大松教授的《可持续发展的中国新型农村社会养老保险制度研究》，获第十届湖北省社会科学优秀成果奖三等奖；邓大松教授的《中国社会保障改革与发展报告 2012》，被评为教育部高校科研优秀成果奖（人文社会科学）三等奖；中心研究员丁建定教授的《中国社会保障制度体系完善研究》，被评为教育部高校科研优秀成果奖（人文社会科学）三等奖。

八　智库的社会影响力

（一）研究成果的传播路径

中心建设有专门网站（中文、英文），网址为 http：//www.csss.whu.edu.cn/，微信公众号为 WHU - CSSS。中心人员通过参政议政、参加论坛或会议、通过各种新媒体宣传中心的研究成果，极大地扩大了中心的社会影响力。

（二）主要负责人在新媒体上的关注度

2013—2014 年，国内主流媒体对武汉大学社会保障研究中心的报道较多。中心及其主要负责人在新媒体上的关注度较高。

九 智库的国际影响力

中心同国内外相关学术机构保持着密切联系，国际影响力不断扩大。2016 年，已成功举办 4 次社会保障国际学术研讨会和 5 次国内学术研讨会。中心举办的学术会议已成为我国社会保障研究和实际工作者进行交流的很有吸引力的学术平台。中心经常派研究人员到国外讲学、访问与进修，2013—2016 年共有 21 人次出国讲学、访问与进修。中心还接受了国内多所高校社会保障专业教师进修和国内外访问学者访问。

美国伯明翰大学教授詹姆斯·R. 基林斯沃思、世界卫生组织驻华代表处霍华德·W. 豪瑟、美国安泰保险公司（驻亚太地区）副总裁大卫·亨利等 25 位专家和学者曾先后来基地讲学和访问。加拿大渥太华大学，每年都会与社会保障中心联合举行学术会议或互派专家做讲座或交流。通过这些活动，中心发挥了对外学术交流窗口和学术纽带作用，成为本学科的全国学术交流基地。

十 重视人才队伍培养

中心在社会保障专业人才培养方面成效显著，更在全国社会保障学科发展方面发挥了带头和示范作用。中心依托一年一度的武汉大学社会保障论坛举办了全国劳动与社会保障专业高级研讨培训班，已经形成了一定的品牌效应。每年都有来自全国各地的高校教师和实际部门人员以及武汉大学社会保障专业的博士生、硕士生参加培训。中心举办培训班的形式、授课内容等均都受到参加者的一致好评。中心通过课程开发和吸收研究生参加课题研究工作，促进了最新研究成果向教学层面转化的进程,更新了教学内容,提高了教学研究水平。

中心培养的社会保障专业博士、硕士研究生等高级专门人才成长很快,有的博士已成为政府和企业重要岗位的负责人。此外,中心研究员也是武汉大学 MPA 教育的创始人和主要负责人。

十一　智库的评价指标体系

中心的教授认为目前评价智库的各种指标,如公开发表论文、出版专著以及撰写资政报告等都适用。

十二　当前存在的主要困难

主要存在三方面困难:一是智库开展研究、需要大量的经费支持;二是应加大对知识产权的保护;三是加强研究人才队伍建设的稳定性。

十三　作为高校智库的主要功能

中心的教授认为,高校智库应为高校科研提供文献检索、参考咨询、为教学实践提供知识拓展空间。

十四　智库的数据库建设

武汉大学图书馆馆藏十分丰富、购买了非常多的中文和外文数据库,是中心的数据库之一。此外,中心自行研发建成两个数据库,"医疗质量、费用统计分析数据库"和"社会保障与生活质量评价数据库",较好地支持了中心开展各项研究工作。

信息时代,大数据背景下的信息安全防范问题更加凸显。为提高高校智库建设的效率,更好地发挥智库的作用,中心研究员建议新型高校智库需要做到如下几点:一是扩建智库的规模并保证数据库资源的质量；二是放松智库管理限制条件，畅通高校智库呈报咨询报告的渠道，有条件时建设资政报告数据库；三是注重网络科技管理技术的应用，研发更为科学合理的智库管理系统。

第十一章

聚焦重大问题,服务国家战略

——华中科技大学国家治理研究院

图11—1 华中科技大学国家治理研究院

一 华中科技大学国家治理研究院简介

华中科技大学国家治理研究院(The Institute of State Governance,HUST)成立于2014年2月,是在党的十八届三中全会之后成立的中国特色新型高校智库。华中科技大学原党委副书记、著名学者欧阳康教授担任院长。研究院致力于解决中国现实问题,借鉴国际先进经验,按照"国家急需、世界一流、制度先进、贡献重大"的高要求,研究中国国家治理和中国未来发展的重大理论和实践问题，探索中国和平崛起的科学发展道路，为完善中国特色社会主义制度，推进国家治理体系和治理能力现代化提供理论参考和决策咨询服务。"国家治理"是一个涉及理、工、医、管、文等多学科交叉的综合性学科，从 2014 年起，研究院开始面向全校招收博士研究生，致力于国家治理重大理论和实践问题研究。

国家治理研究院院长、首席专家欧阳康，哲学博士，华中科技大学党委原副书记，哲学研究所所长，二级教授，《华中科技大学学报》（社会科学版）主编，"华中学者领军岗"教授，博士生导师。社会兼职有国务院学位委员会马克思主义学科评议组成员，国家社会科学基金评审专家，国家出版基金评委，教育部社会科学委员会委员，高校哲学教学指导委员会副主任，教育部学风建设委员会副主任，高校文化素质教育指导委员会秘书长、国际哲学家协会常务理事，中共湖北省委决策支持顾问，湖北省政协委员、湖北省人民政府咨询委员等。

2014 年 11 月，研究院被湖北省教育厅评为湖北省高等学校人文社会科学重点研究基地；2015 年年初被中共湖北省委政策研究室（省改革办）纳入湖北省"十大改革智库"；2016 年年初被中共湖北省委宣传部纳入"湖北省十大新型智库"；2016 年 3 月建成国家治理湖北省协同创新中心；2016 年 12 月入选南京大学《中国智库索引》（CTTI）成员单位。2017 年 11 月在中国社会科学评价研究院发布的《中国智库综合评价 AMI 研究报告（2017）》中入选"中国核心智库"，位列高校智库 A 类"社会政法领域"第 3 名；2018 年 1 月在浙江工业大学全球智库研究中心发布的《中国大学智库发展报告（2017）》中，入选"中国大学智库机构百强排行榜"，排第 18 名，是该榜前 20 名中最年轻的智库机构。短短几年时间内，国家治理研究院在建设新型高校智库过程中已取得骄人的成绩。

表 11—1　　中国大学智库机构百强排行榜（前二十位）

综合排名	大学智库机构
1	中国人民大学国家发展与战略研究院
2	北京大学国家发展研究院
3	清华大学国情研究院
4	中山大学粤港澳发展研究院
5	武汉大学国际法研究所
6	复旦大学中国研究院
7	中国人民大学重阳金融研究院
8	复旦大学国际问题研究院
9	清华大学中国与世界经济研究中心
10	浙江大学中国农村发展研究院
11	北京大学宪法与行政法研究中心
12	北京大学国际战略研究院
13	吉林大学中国国有经济研究中心
14	四川大学社会发展与西部开发研究院
15	对外经济贸易大学世界贸易组织研究院
16	清华大学国际关系研究院
17	中国人民大学中国经济改革与发展研究院
18	华中科技大学国家治理研究院
19	华中师范大学中国农村研究院
20	北京师范大学教育政策研究院

国家治理研究院下设国家治理理论与比较研究中心、国家治理体系与政策研究中心、国家治理调控与评价体系研究中心、治理信息采集与大数据处理中心、政府决策支持系统研究中心、湖北区域治理与中部发展研究中心等机构。研究院积极向世界宣传中国和平发展战略，积极参与全球问题探索和全球治理，以更加宽广的视野观察世界、思考中国，在深度参与国际对话中提升话语权，让世界更加全面、客观地了解中国，为世界和平发展和人类文明进步贡献中国智慧。

二　办院宗旨

国家治理研究院以"聚焦重大问题，服务国家战略"为宗旨，充分发挥高校学科领先、理论性、学术性强等优势，积极面向世界宣传中国和平发展战略，主动参与全球问题探索和全球治理，以宽广的视野观察世界、思考中国问题，于深度参与国际对话中提升话语权，让世界更加全面、客观地了解中国，为世界和平发展和人类文明进步贡献中国智慧，争取用5—10年的时间建成具有全球视野、世界知名、中国特色新型高校高端智库。

三　主要研究领域

国家治理研究院主要研究领域包括国家治理、绿色GDP、互联网安全管理政策等。所涉及的学科主要有哲学、社会学、经济学、法学、管理学、计算机应用等。

四　人员管理模式

国家治理研究院采取专职和兼职并用的方式，现有专兼职研究人员35人，客座研究员46人，外籍客座研究员18人，行政管理人员4人。

五　智库的主要职能

国家治理研究院自成立以来的几年内，开展了大量的工作，取得了丰硕的研究成果，在国内外产生了较大的影响。研究院参照国家2011协同创新中心来建设，积极主动谋求中央和地方党委政府的大力支持，与国际、国内相关机构开展密切合作，在国家治理的重大理论和实践问题上协同攻关。

欧阳康院长作为湖北省政协委员，曾经连续三年提出协商民主问题的解决方案,这些方案后来都被列为省级重点研究课题。在欧阳院长的极力督促下,湖北省委下发了《关于协商民主的实施意见》,这是国家治理研究院充分发挥高校智库功能的具体表现。

2017年上半年的湖北省第十一次党代会、电视问政,欧阳院长都积极参与。在电视问政中,学者身份的欧阳院长让参与问政者感觉比较踏实和亲切。他的发言既犀利、又能够给予问政者适当的尊重,这与欧阳院长多年从事行政管理工作、拥有丰富的现场经验有关。他会适时表扬、批评,指出关键问题,尤其是问政环节最后的点评,他的分寸拿捏得很妥当,电视台都喜欢邀请欧阳院长去参加电视问政节目。

国家治理研究持续开展与"绿色"相关的课题研究,2017年被列为湖北省重点课题,是湖北省连续被列为重点课题最多的单位。研究院的每一个课题列出来,都会在省里引起较大的反响。2016年提出来的"绿色GDP问题",省委书记李鸿忠亲自督办,李书记离开湖北之后蒋超良书记继续督办,蒋书记到任的第40天就听取了欧阳院长的工作汇报。

六 智库的专业影响力

国家治理研究院的主要研究工作围绕着"八个一工程"展开,即每年召开一次国内高峰论坛、每年召开一次国际学术会议、举办一个系列的学术讲座、出版一套研究丛书、举办一个学术刊物、呈报一个咨询研究成果要报、维护一个学术网站、建设一个国家治理信息数据库和政府决策咨询系统。

(一)主要研究成果

研究院自成立以来,承担了教育部哲学社会科学研究重大课题攻关项目"推进国家治理体系和治理能力现代化若干重大理论问题研究"、国家社科基金重大专项"十八大以来党中央治国理政新理念新思想新战略的哲学基础研究"、国家社科基金一般项目"国家治理哲学研究""中国特色社会主义语境下国家治理综合评估指标体系研究""灾害政治学的建构与前瞻""基于空间正义的城市治理研究"等各级各类研究课题20余项；公开发表研究论文80余篇；为党中央、湖北省委省政府提交了决策建议案40余篇、发行研究报告《中国绿色GDP绩效评估报告》（2017年全国卷）、出版学术著作6部。

表11—2　　　　　　　　　已出版著作情况

序号	书名	出版社	出版年份
1	《国家治理的"道"与"术"》	中国社会科学出版社	2015
2	《中国道路——思想前提、价值意蕴与方法论反思》	中国社会科学出版社	2013
3	《省级治理现代化》	中国社会科学出版社	2016
4	《国家治理研究》（第一辑）	中国社会科学出版社	2016
5	《全球治理与国家责任》	中国社会科学出版社	2016
6	《中国绿色GDP绩效评估报告》（2016年湖北卷）	中国社会科学出版社	2017

表11—3　　　　　　　　　承担的研究项目

年度	项目负责人	项目名称	项目来源
2014	欧阳康	推进国家治理体系和治理能力现代化若干重大理论问题研究	教育部哲学社会科学研究课题重大攻关项目
2014	欧阳康	推进省级治理体系和治理能力现代化若干重大理论问题研究	湖北省委重大委托课题
2014	吴毅	农民工市民化问题研究	湖北省人力资源和社会保障厅委托课题
2014	方鹏骞	新时期中国医疗保险制度改革研究	

续表

年度	项目负责人	项目名称	项目来源
2015	杜志章	中国特色社会主义语境下国家治理综合评估指标体系研究	国家社科基金一般项目
	吴畏	国家治理哲学研究	
	李翔	灾害政治学的建构与前瞻	
	王国华	互联网+省级治理现代化研究	湖北省委政策研究室委托课题
	欧阳康	地方治理体系和治理能力现代化研究	湖北省社科基金重点项目
2016	董慧	基于空间正义的城市治理研究	国家社科基金一般项目
	欧阳康	十八大以来党中央治国理政新理念新思想新战略的哲学基础研究	国家社科基金重大专项
	欧阳康	湖北省大数据产业发展和应用统筹协调机制研究	湖北省委政策研究室委托课题
	欧阳康	湖北地方治理体系和治理能力现代化研究	湖北省社科基金重点项目
	欧阳康	乡村和街道有效治理模式研究	
	欧阳康	湖北文化宣传智库建设项目	

(二) 通过各类载体，展示学术研究成果

国家治理研究院定期召开学术会议和论坛，其研究人员也经常参加校内外各种学术会议。国家治理研究院主办的国内品牌学术会议、论坛活动有：2014年3月，第一届国家治理体系和治理能力建设高峰论坛，主题："国家治理体系和治理能力建设"暨研究院揭牌仪式；2015年5月，第二届国家治理体系和治理能力建设高峰论坛主题："国家治理的理论与实践"；2016年3月，长江生态保护与发展战略专家峰会暨国家治理湖北省协同创新中心揭牌仪式；2016年5月，第三届国家治理体系和治理能力建设高峰论坛，主题：

"绿色发展与国家治理现代化"。

举办的国际会议有：2014年7月，举办"中国农村土地集体所有制的历史与未来"国际研讨会；2015年12月，举办第一届"全球治理·东湖"，主题："全球治理与国家责任"；2016年5月，举办"中美人文社科学者共话中美关系"座谈会；2016年11月，举办第二届"全球治理·东湖"，主题："绿色发展与全球治理"。

（三）开展的决策咨询服务活动

国家治理研究院人员撰写的几十份资政报告分别呈交中共中央、教育部、中宣部、中共湖北省委、湖北省人社厅等政府部门。研究院通过参政议政、资政建言等方式，扩大了研究院的影响力，宣传了研究成果，较好地发挥了高校智库的功能。

国家治理研究院的建设和发展得到教育部、湖北省委、湖北省厅等领导的指导和大力支持。湖北省委专门印发了《关于支持华中科技大学国家治理研究院建设的会议纪要》，全方位支持国家治理研究院的建设。2015年12月12—13日，李鸿忠同志会见参会大使和外宾，并在开幕式上致辞，他表示要将"全球治理·东湖论坛"建设成为类似于"博鳌亚洲论坛"那样的常设性高水平国际学术交流平台。华中科技大学党委也高度重视国家治理研究院的建设和发展。于2014年6月25日和2015年12月31日，先后两次召开校党委常委会，听取国家治理研究院工作汇报；校党委书记路钢、副校长许晓东到国家治理研究院开展专题调研，校长丁烈云院士和分管文科的校领导湛毅青总会计师也非常关心国家治理研究院的建设和发展；党委常委会通过了《关于加强华中科技大学国家治理研究院建设的若干意见》和《关于建设"推进国家治理现代化湖北省协同创新中心"的实施意见》，在体制机制和人、财、物等方面给予研究院大力支持。

表 11—4　　　　　　　　研究成果被采纳情况

序号	提交人	研究报告名称	采纳部门	时间
1	潘垣、欧阳康	《关于根治华北雾霾的技术方案和综合治理建议》	获得国家领导人的重要批示	2014年4月
2	欧阳康	《全球治理变局与中国的"十三五"使命》	《教育部简报（高校智库专刊）》采用	2016年4月
3	欧阳康等	《绿色GDP绩效评估受到认可，推广仍存制约》	新华社《国内动态清样》采用	2016年7月
4	欧阳康、赵泽林、刘启航	《推广绿色GDP绩效评估　引领绿色发展方向》	《教育部简报（高校智库专刊）》采用	2016年8月
5	欧阳康	《中国共产党先进性建设的里程碑》	《教育部简报（高校智库专刊）》采用	2016年11月

七　智库的社会影响力

研究院建设有中、英文网站，网址为 http://isg.hust.edu.cn/，拥有微信公众号为 hustgjzl。研究院通过各种媒体宣传研究成果，其研究人员也会通过自媒体方式宣传研究院开展的学术活动，产生了较好的社会影响。人民网、新华网、《光明日报》、光明网、中国网等中央媒体都曾经报道过国家治理研究院的相关成果及其发布活动。

八　智库的国际影响力

国家治理研究院院长欧阳康认为，走绿色发展道路，是人类社会实现永续发展的必然之路。建设生态文明是中华民族的千年大计。《中国绿色GDP绩效评估报告》是可以推向国际的。

2013—2016年，国家治理研究院研究人员参加国际学术会议、论坛数十次，几十位研究人员参加了国际会议、访问国外智库，如威尔逊基金会、基辛格中美关系研究所等，与国外智库负责人交流谈话。2017年上半年，欧阳康院长赴英国访问交流；2017年11月，欧阳康院长曾去美国宣讲中国的十九大报告。随着国家治理研究院的快速发展，知名度不断提高，很多国家的智库都邀请研究院学者前往参加各种学术活动。国家治理研究院准备保持节奏、逐步高质量发展壮大，为完善和发展中国特色社会主义制度、实现国家治理体系和治理能力现代化作出应有的贡献。

第十二章

弘扬荆楚文明、为地方发展出谋划策
——三峡大学三峡文化与经济社会发展研究中心

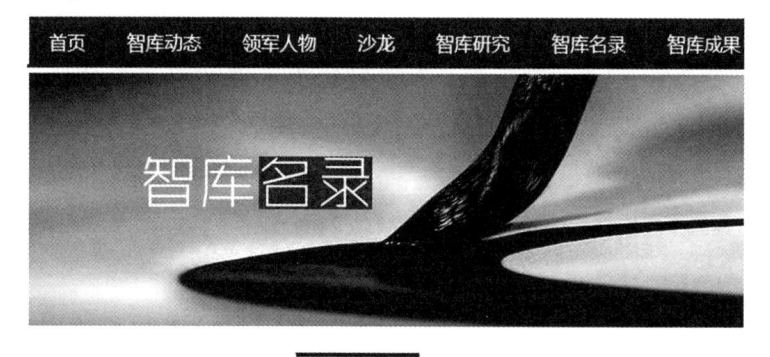

图12—1 三峡文化与经济社会发展研究中心入选2015年"中国网"高校智库前150名排行榜

一 三峡大学三峡文化与经济社会发展研究中心简介

三峡文化与经济社会发展研究中心（The Development Research Center of the Three Gorges Culture and Economic Society），是伴随着三峡大学的成立和发展逐步发展壮大起来的，直至 2015 年在国内"中国网"的高校智库排行榜中位列前 150 名。

三峡大学是 2000 年由武汉水利电力大学（宜昌校区）和原湖北三峡学院两所高校合并而成的湖北省属综合性高校，其中的武汉水利电力大学（宜昌校区）的前身是 1978 年成立的葛洲坝水电工程学院，葛洲坝水电工程学院曾经先后隶属于水利电力部、能源部、电力工业部，有着深厚的水电建设背景。作为宜昌的高校，三峡大学长期对水利水电建设的文献资料进行收集整理和研究，对三峡水利水电建设的规划发展，以及水电工程开发对移民、环境等带来的一系列影响等问题开展了多视角和多渠道的研究，在此研究过程中，逐渐形成了三峡文化与经济社会发展研究中心的科研特色以及研究团队。

三峡文化与经济社会发展研究中心是湖北省教育厅和三峡大学共建，以学校建设为主的，是跨学科、综合型、实体型、开放式的人文社会科学研究机构。1992 年，湖北省教育厅批准成立"三峡文化研究所"；2000 年三峡大学整合研究力量，重组"三峡文化研究中心"；2001 年更改为现名；2002 年 12 月正式批准为在建的湖北省高校人文社会科学重点研究基地，2011 年验收为优秀。2012 年 8 月三峡大学整合"长江三峡发展研究院""三峡文化与经济社会发展研究中心""武陵民族研究院"，重新整合组建成为"三峡文化与经济社会发展研究中心"。研究中心学术委员会名誉主任是冯天瑜教授和刘守华教授，主任由王祖龙教授（三峡大学民族学院书记）兼任。三峡文化与经济社会发展研究中心设立了开放研究基金，用于资助相关研究人员在研究中心完成立项项目的研究工作，专门建立管理制度《三峡文化与经济社会发展研究中心开放研究基金管理办法》。

三峡文化与经济社会发展研究中心黄柏权教授长期从事南方民族历史文化和非物质文化遗产保护研究，积极参与宜昌市文化遗产保护和文化产业的调研，提出了许多有益的建议，受到宜昌市委和市政府的重视。他提出的"武陵文化""武陵民族走廊""长阳文化遗产保护模式"等学术概念，在学术界产生了较大影响。研究中心人员积极参与三峡地区非物质文化遗产保护工作，建立了三峡区域非物质文化遗产数据库，对于推动三峡地域非物质文化遗产研究和文化产业的发展起到了奠基作用。在三峡大学民族学院建有民族学文献资料室和民俗文物陈列室，展示了部分与三峡文化与经济社会发展研究中心科研工作相关的文献、文物及图片资料。研究中心公开出版两种刊物——《三峡论坛》学术双月刊和《三峡文化研究》集刊。在做好本职工作的同时，研究中心积极为政府培训人员，曾经为湖北省民族宗教事务委员会培训两期民族文化专修班学员。

三峡文化与经济社会发展研究中心近年来主要围绕《三峡通史》《中国土家族大百科全书》《宜昌文化简史》《宜昌地方文献资料汇编》等重点项目的研究以及中心基础设施建设、社会服务能力的提升、引进高学历人才等开展工作。

二 研究定位及研究方向

（一）研究定位

三峡文化与经济社会发展研究中心主要开展三峡区域、武陵地区经济社会发展过程中的难点、热点问题研究，为长江经济带、三峡生态经济协作区、武陵山片区的发展持续提供智力支撑。

（二）研究方向

三峡文化与经济社会发展研究中心，现有 4 个主要研究方向：三峡历史文化与精神文明建设；三峡文学艺术；三峡文化与旅游开发；三峡区域经济发展。涉及民族学、宗教学、文化和文化史等学科。

三　研究经费的主要来源

三峡文化与经济社会发展研究中心的研究经费来源主要由几个部分构成：一是湖北省教育厅人文社会科学重点研究基地建设的财政拨款经费；二是三峡大学配套的事业经费；三是中心申报的各级各类科研项目经费。另外，还有部分专项人才经费，即专家学者人员的专管经费，如民族学院特聘（院校结合，省管）人才经费等。该中心每年平均约有 100 万元的研究经费。

四　研究人员的管理模式

三峡文化与经济社会发展研究中心隶属于三峡大学民族学院，是一个独立研究机构，其研究人员都是由学校的教师兼职，没有专职的研究员。目前，三峡文化与经济社会发展中心聘有研究员 45 人，其中教授 18 人、副教授 15 人，有博士学位者 19 人，楚天学者特聘教授 1 人。三峡文化与经济社会发展中心采取这样的机构设置和隶属关系，虽然简化了管理工作方法，但也带来了一些行政管理工作和科研考评上的弊端。

三峡文化与经济社会发展研究中心由于学术研究的需要，在宜昌当地的社会科学研究领域还外聘有研究员约 100 人，常年在中心参加科研交流活动的有 40—50 人，中心会给外聘人员发放聘书，但一般都是名誉上的研究人员，他们和研究中心除了就某个科研项目进行合作共享科研项目经费外，并不产生其他的关系。此外，在三峡大学内部，还有其他院系的老师和研究中心联合开展科研项目研究，如马克思学院、文学与传媒学院等，开展合作的科研项目主要在社会科学研究领域。中心也通过湖北省内的"楚天学者"计划和"长江学者"计划等进行有序的人才引进工作，外聘有关专业的专家学者参与到中心的专题科研攻关工作之中。比如，2016年就通过"长江学者"计划引进了厦门大学人类学的学者到中心参与课题研究。目前，该中心没有聘请外国学者。

三峡文化与经济社会发展研究中心现有人员是中心长期发展积累下来的研究人员，根据科研工作和中心的发展需要引进优秀人才，是研究人员的主要来源渠道。三峡大学未针对中心的研究发展需要，给行政人员编制。所以，三峡文化与经济社会发展中心一直未配备专职行政管理人员。目前，该中心的管理工作全部由研究人员兼职完成。

五　智库的专业影响力

（一）公开发表论文、出版专著情况

三峡文化与经济社会发展研究中心研究员2015年公开发表论文37篇，其中在C刊发表论文26篇；2016年公开发表论文52篇；2017年公开发表论文60篇。

表12—1　　　　　　　　2015年发表论文情况

序号	论文名称	作者	发表刊物	发表时间
1	《大学经营与经营大学》	何伟军	《光明日报》	2015年1月6日
2	《土家族土司人名训释》	陈廷亮	《中南民族大学学报》	2015年1月
3	《少数民族传统文化蕴含着社会主义核心价值观的精髓》	吴正彪	《中国民族报》	2015年5月

续表

序号	论文名称	作者	发表刊物	发表时间
4	《民族教育政策创新实践的"贵州范式"浅议》	吴正彪	《中国民族报》	2015年6月
5	《试论土司的"地方化"与"国家化":以鄂西地区为例》	岳小国	《青海民族研究》	2015年4月
6	《从历史事件的民间叙事看改土归流:以鄂西唐崖土司为例》	岳小国	《西南民族大学学报》	2015年4月
7	《苗族口传史诗〈亚鲁王〉中的苗语地名考述》	吴正彪	《中国民族报》	2015年8月
8	《少数民族传统文化蕴含着社会主义核心价值观的精髓》	吴正彪	《中国民族报》	2015年9月
9	《学科多样性与学科公平:人类学的中国命运》	刘冰清	《北方民族大学学报》	2015年9月
10	《污染与洁净:三岩藏族丧葬文化研究》	岳小国	《民族研究》	2015年10月
11	《史诗〈亚鲁王〉研究的多视角展开》	吴正彪	《中国社会科学报》	2015年11月6日
12	《"original affluent society"翻译刍议》	曹大明	《中南民族大学学报》	2015年1月
13	《新疆民族职业教育现状分析与对策研究》	袁波澜	《贵州民族研究》	2015年1月
14	《民族传统节日文化体现的进步价值理念》	吴正彪	《中国民族报》	2015年2月
15	《民间法视阈下的水文生态环境保护——以西南民族为考察重点》	管彦波	《贵州社会科学》	2015年5月
16	《国家重点生态功能区转移支付政策的缺陷及改进措施——以武陵山片区(湖南)部分县市区为例》	何伟军等	《湖北社会科学》	2015年4月
17	《基于地方感的旅游商品开发研究——以屈原故里端午节为例》	阚如良	《资源开发与市场》	2015年7月
18	《文化旅游业系统整合模式——基于当阳市的实证研究》	阚如良等	《资源开发与市场》	2015年3月
19	《跨区域生态合作利益冲突的动态演化博弈分析》	何伟军等	《环境科学与技术》	2015年4月

续表

序号	论文名称	作者	发表刊物	发表时间
20	《明清时期武陵地区土司与下属交往策略：以容美田氏为例》	赵秀丽	《西南民族大学学报》（人文社科版）	2015年3月
21	《增长极辐射梯度衰减及增强效应视角下的区域城镇规划布局——兼论三峡库区新型城镇化建设》	何伟军	《湖北行政学院学报》	2015年3月
22	《绿色供应链企业协作发展动态演化博弈分析》	何伟军	《物流技术》	2015年18月
23	《财政农业支出对城乡收入差距影响的实证研究》	何伟军等	《价值工程》	2015年29卷
24	《试论苗族史诗〈亚鲁王〉的生态文化特点》	吴正彪	《贵州民族研究》	2015年1月
25	《休闲农业资源开发与评价——以三峡步步升文化村为例》	阚如良	《生态经济》	2015年4月
26	《民族团结视角下的昭君文化旅游开发》	阚如良	《学习月刊》	2015年6月
27	《基于城乡统筹发展的城郊农村地区扶贫开发研究——以宜昌市点军区为例》	阚如良	《当代经济》	2015年11月
28	《供应链的"质量牛鞭效应"研究》	赵建华	《企业管理》	2015年5月
29	《论星云大师人间佛教的实践理念——星云人间佛教个性特色论》	桑大鹏	《武汉大学学报》（人文科学版）	2015年4月
30	《解构主义视野下禅宗思维技术之分析》	桑大鹏	《当代文坛》	2015年4月
31	《李通玄"易学华严"的符号学意义》	桑大鹏	《中外文化与文论》	2015年3月
32	《知更鸟的歌唱——论李南诗歌的宗教情怀》	朱华阳	《江汉论坛》	2015年8月
33	《土家族神歌的宗教功能流变刍议》	陈宇京	《湖北民族学院学报》	2015年2月
34	《加强对少数民族非物质文化遗产教育传承的法律保护》	朱祥贵	《民族教育研究》	2015年8月
35	《近代城市民变的传统品格》	胡俊修	《江汉论坛》	2015年4月
36	《进退之间：新中国对个体摊贩社会主义改造的探索》	胡俊修	《甘肃社会科学》	2015年3月

(二) 主要研究人员出版专著统计情况

三峡文化与经济社会发展研究中心研究员 2015 年出版专著 6 部；2016 年出版专著 11 部；2017 年出版专著 3 部。

表 12—2　　　　　　　　2015 年出版专著情况

序号	书名	作者	出版社
1	《实用土家语》	张伟权	世界图书出版公司
2	《现代城市社会治理创新"一本三化"模式研究——来自宜昌的中国经验》	谭志松、王俊	中国社会科学出版社
3	《中国共产党领导体制的历史演变》	阎颖	中共党史出版社
4	《当代书法批评》	周德聪	长江文艺出版社
5	《旅游产业集群发展研究：理论、案例与实践》	詹丽、何伟军、阚如良	中国社会科学出版社
6	《中国近现代史纲要教学设计课例》	贾孔会、李敏昌、宋仕平、阎颖、胡俊修	湖北人民出版社

六　智库的政府影响力

(一) 承担的政府委托项目情况

2013—2016 年，三峡文化与经济社会发展研究中心主持国家社会科学基金课题 6 项，国家社会科学基金重大课题子课题 4 项，教育部、国家民族宗教委员会、湖北省社科基金项目 12 项，湖北省民族文化重大专项课题 1 项，地方、部门委托课题 10 多项，课题研究经费共计有 530 万元。获得省部级科研奖励 11 项，多项科研成果被国家民委、湖北省发改委、湖北省民委、宜昌市政府采纳。以 2015 年为例，共承担政府委托项目 6 项，详细情况如下：

陈廷亮：《宜昌市土家语旅游日常用语与土家语歌曲简明读本》，宜昌市民宗局项目；黄柏权：《土家族大辞典四期编纂》，湖北省民宗委委托项目；黄柏权：《宜昌文化简史》，宜昌市政协委托项目；杨超：《左江与西南地区岩画比较研究》，崇左市文化局项目；何伟军：《基于长江经济带发展战略的中上游两大城市群际接合部发展研究——以三峡城市群为例》，湖北省教育厅重大项目；朱祥贵：《武陵山片区少数民族特色村镇建设实证研究》，国家民委项目。

2016年纵向科研项目有12项。2017年纵向科研项目有7项；横向项目有6项，其中，黄柏权教授主持4项、葛政委和刘冰清教授各主持1项。

（二）研究报告获得政府采纳情况

2015年三峡文化与经济社会发展研究中心的研究报告被政府采纳2项：三峡大学民族学院课题组的"关于创建智慧宜昌的建议"被宜昌市人民政府采纳；赵建华的《国务院及各级政府工作报告应该使用法定计量单位》被民建中央、湖北省政协和民建湖北省委采用。

（三）参加政府部门座谈会的情况

以2015年，三峡文化与经济社会发展研究中心研究员参加政府部门座谈会为例：2015年5月14日，黄柏权、曹大明、刘兴亮等参加宜昌市政协组织的"宜昌'十三五'规划重大专题调研活动"座谈会；9月28—30日，中心部分专家参加由湖北省文化厅、省教育厅在咸宁市举办的"2015年湖北非物质文化遗产研究工作座谈会"；10月30—31日，黄柏权教授参加由重庆黔江区濯水镇政府举办的"重庆黔江渝东南文化生态实验保护区建设探讨会"。

表 12—3　　　　　　　研究成果获省部级及以上奖励情况

年份	奖励类型	完成人	获奖成果名称	奖励等级
2012	国家民委社科优秀成果奖	黄柏权	如何在少数民族特色村寨保护与发展中实现创新	三等奖
2012	社会科学优秀成果奖	何伟军、陈廷亮	资丘村（土家族）调查	三等奖
2013	社会科学优秀成果奖	刘冰清	香溪毓秀——昭君传说的历史与现实	三等奖
2015	湖北省第九届社会科学优秀成果奖	黄柏权	土家族非物质文化遗产研究	二等奖
2015	湖北省第九届社会科学优秀成果奖	岳小国	王朝国家的模仿与隐喻：武陵山土司与中央王朝关系研究	三等奖
2015	国家民委社会科学研究成果奖	岳小国	不被"整合"的向心力：民族走廊国家化研究	三等奖
2015	国家民委社会科学研究成果奖	陈廷亮	守护民族精神家园	三等奖
2015	湖北省社会科学优秀成果奖	谭志松	土家族非物质文化的教育保护与传承研究	二等奖
2015	湖北省社会科学优秀成果奖	胡俊修	近代武汉城市大众文化娱乐空间研究	三等奖

七　智库的社会影响力

三峡文化与经济社会发展研究中心在民族、民间文化的保护和地方经济社会发展方面作了有益的探索，较好地发挥了中心建言献策、服务地方社会发展的作用。三峡文化与经济社会发展研究中心建有纯中文网站，名为"三峡文化与经济社会发展研究中心"。该中心通过参政议政，积极主动与决策部门建立联系、开展合作，通过学术会议、论坛等方式宣传研究中心的科研成果。例如，2017年，三峡文化与经济社会发展研究中心举办国家级学术会议4次。

2015年5月，三峡文化与经济社会发展研究中心研究员曹大明、刘兴亮、葛政委、李敏昌等参加"抗日战争与中国社会宜昌国际学术研讨会"。同年10月份，陈廷亮教授参加"中国艺术人类学国际学术研讨会"。

八 智库的国际影响力

三峡文化与经济社会发展研究中心、三峡大学民族学院与日本、韩国、意大利、中国台湾、中国香港以及国内一些知名大学建立了密切的学术合作关系。三峡文化与经济社会发展研究中心在南方少数民族研究领域，尤其是在武陵民族研究领域已经形成了自身独有的特色。中心没有与国外研究机构开展合作交流。

九 目前存在的主要困难

第一，中心的发展需要更高层次的学术研究人才，研究团队的专业化与稳定性亟待加强；第二，中心运行管理机制落后、存在许多弊端，需要进行改革，以达到"管而不死，治而不乱"的目标；第三，较难处理传统研究机构与当代智库的联系与区别；第四，较难精准定位研究目标并保持其特色化；第五，研究成果的认定与学校科研考核机制之间存在着矛盾；第六，需要继续探索研究成果的输送渠道。

十 作为高校智库的主要功能

三峡文化与经济社会发展研究中心研究员认为在开展学科建设与"资政育人"的过程中，应处理好二者的关系。作为新型高校智库，第一要出思想，产出理论研究成果；第二要为党委和政府重大决策提供政策咨询服务；第三要为企事业单位提供智力服务；第四要发挥舆论引导和宣传作用。

十一　智库的评价指标体系

关于高校智库的评价指标体系，为了更好地激励青年教师参与智库的研究工作，三峡文化与经济社会发展研究中心的同人们认为，应将被政府采用的研究报告与公开发表论文、出版专著相结合来进行评价，即一篇被采用的研究报告可以折算成一篇 C 刊上发表的论文科研工作量，在教师职称评定时可以使用。

十二　结合地方经济发展作出的突出贡献

科研工作、学术研究要结合当地特色，结合当地社会人文发展的观念，是三峡文化与经济社会发展研究中心发展的一条制胜原则。只有把三峡文化与经济社会发展研究中心的科研工作与当地的经济社会文化发展紧密结合起来，才能够保持学术研究言之有物，让科学研究走出"象牙塔"，不会成为虚幻的空中楼阁，中心的研究工作才能够保持长盛不衰的发展态势。

（一）"唐崖土司城址"成功申报世界文化遗产，荣获湖北省人民政府嘉奖

2017 年年初，湖北省人民政府对在"唐崖土司城址"成功申报世界文化遗产过程中作出突出贡献的部分单位和个人予以记功、嘉奖，三峡大学民族学院作为参与此项工作的事业单位集体获奖，三峡文化与经济社会发展研究中心的黄柏权教授也同时受到事业单位人员嘉奖。

以黄柏权教授为课题负责人的研究团队承担了"唐崖土司遗址申报世界文化遗产资料收集整理与研究"课题。三峡文化与经济社会发展研究中心研究员多次深入唐崖土司遗址及相关图书馆、档案馆收集文献资料，进行调查研究与深度访谈，收集整理了 10 多万字的研究资料，汇集成《唐崖土司遗址资料汇编》，并撰写发表了

20多篇研究论文，为唐崖土司城址成功申报世界文化遗产奠定了坚实的资料和学术基石。此外，三峡文化与经济社会发展研究中心还和湖北省文物局、咸丰县人民政府联合主办了3次"唐崖土司学术研讨会"，在《三峡论坛》上刊发了两期"土司研究"专辑，拍摄了名为《远古遗韵——唐崖土司道士度职纪实》的纪录片。唐崖土司城址是湖北省继武当山古建筑群、钟祥明显陵之后，成功申报世界文化遗产的又一重大成果，是湖北省文化创新建设工作的重大突破，对于继承与弘扬荆楚文明具有重要意义。

（二）积极为鹤峰县"万里茶道——鹤峰古茶道"申遗工作献策

湖北省鹤峰县拥有数百公里保存完好的古茶道，是万里茶道的重要组成部分。2016年12月，在国家文物局召开的研讨会上，鹤峰南村至连三坡古茶道顺利进入遴选建议名单。为了抓住这次难得的机遇，加快鹤峰经济社会发展，让其厚重的土司文化和独特的民俗文化融合现代文化发展之中，鹤峰县委、县政府邀请三峡文化与经济社会发展研究中心的专家学者们，对鹤峰的土司文化和茶文化资源进行了较为全面的挖掘、整理和研究。2017年1月17日，鹤峰县和三峡文化与经济社会发展研究中心正式签订"文化战略合作协议"。双方以签署的战略合作协议为新的开端，依托各自的资源优势，积极搭建平台，拓展合作空间，完善"校地合作"机制，推动学术研究理论成果产业化，较好地促进了地方经济社会和谐发展，实现互利双赢。

（三）为湾潭镇民族文化旅游资源开发献良策

湾潭镇地处湖北省鄂西南边陲，地处湖北五峰、鹤峰与湖南石门三县交汇处，生态环境优美，拥有丰富的民族文化、土司文化、红色旅游文化和非物质文化遗产资源。三峡文化与经济社会发展研究中心学者开展实证调查研究，赴五峰县湾潭镇考察当地民族文化旅游资源。他们先后实地考察了清初容美土司田舜年所建《新改荒路记》摩崖石刻、百顺桥、古茶道遗迹、古茶园和传统村落等地。随后与当地政府就如何促进湾潭镇民族文化旅游产业发展进行了深入的交流。三峡文化与经济社会发展研究中心黄柏权教授认为湾潭镇，可以立足本地特有生态和文化资源，抓住五峰县、鹤峰县古茶道申报世界文化遗产机会，以及宜昌市建设三峡康养国家试验区的历史机遇，推动湾潭养生旅游产业发展，建设特色鲜明的万里古茶道上的康养小镇。三峡文化与经济社会发展研究中心人员承诺将从康养项目规划与建设、传统农作物保护与种植基因库建设、古茶道世遗申报文献资料收集、古茶道国保单位申报、研究生教学实习基地建设、文化生态区保护和非遗传承中心建设等方面与湾潭镇开展深度合作，支持湾潭经济文化快速发展。湾潭镇负责人表示，湾潭镇将抢抓古茶道世遗申报和三峡康养国家试验区建设机遇，精心打造特色文化项目，建设康养小镇，提升民族旅游文化内涵，最终建设成为三峡地区区域性文化生态保护和康养中心。

十三 顺应国家发展态势，更好地发挥高校智库的作用

关于在全球信息化时代，高校智库如何面对挑战和发展机遇，三峡文化与经济社会发展研究中心的负责人认为：第一，转变观念，走出书斋，用全球化的视野观察和思考问题，捕捉热点、难点信息，迅速形成调研成果，呈交相关部门采纳；第二，突破传统的研究模式，开展跨学科研究，协同创新研究；第三，机构研究人员多元化和全球化；第四，立足区域发展优势，抓好个性化和区域性的政策咨询服务；第五，拓展学术交流渠道，更好地开展学术交流活动，及时了解外界的发展信息。

关于提高高校智库建设的效率，更好地发挥智库的作用，三峡文化与经济社会发展研究中心的教授认为：首先，应积极争取学校领导的重视和大力支持；其次，要加强与地方党政部门及社会各界的联系与合作，主动融入地方，服务地方经济、文化发展；再次，打造一支团结协作、分工明确、专业化、稳定的研究团队；复次，主动与相关政府部门和机构建立密切联系，畅通研究成果采用渠道；最后，发挥自身的区域、人才、传统优势和研究特色，形成个性化研究中心。通过新媒体等传播手段，让外界了解研究中心的最新发展动态。

宜昌市文化和经济建设的高速发展，无疑是三峡文化与经济社会发展研究中心发展的前提与基础。三峡文化与经济社会发展研究中心积极抓住当地发展的主脉搏，主动调整研究方向，紧跟当地社会文化的发展方向，体现出三峡文化与经济社会发展研究中心的学术研究敏感性和作为当地高级知识人才的使命感。课题组在三峡文化与经济社会发展研究中心调研的过程中，三峡文化与经济社会发展研究中心的领导和研究人员不止一次地提到——研究中心的科研选题要紧跟宜昌当地社会经济文化的发展需要、要体现地域特色、要接地气等朴实的观点。

第十三章

武汉大学俄罗斯乌克兰研究中心

一 武汉大学俄罗斯乌克兰研究中心简介

武汉大学俄罗斯乌克兰研究中心（Center of Russia & Ukraine Studies of Wuhan University），前身是乌克兰研究中心，是1964年教育部设置在武汉大学的全国第一个也是唯一的乌克兰研究中心。中心历史悠久，研究成果颇丰。乌克兰研究中心在20世纪90年代鼎盛时期，曾经是一个实体研究中心，研究团队拥有教授、副教授5人，开设过乌克兰语、乌克兰历史与文化等课程教学，出版了中国第一本乌克兰语教材《基础乌克兰语》和第一本《中乌会话手册》。中心是中国俄罗斯中亚东欧研究会的常务理事单位。原乌克兰研究中心（俄罗斯乌克兰研究中心）一直与武汉大学外语学院俄语系紧密结合在一起，很多俄语系的教师也是该研究中心的兼职研究人员，共同开展教学、科研及社会服务活动。在俄罗斯乌克兰等苏联地区，包括在日本、加拿大、中国台湾等国家和地区都拥有一定的知名度。

目前，武汉大学俄罗斯乌克兰研究中心挂靠在武汉大学外语学院，办公地点也在外语学院，是一所大学虚体研究机构。武汉大学俄罗斯乌克兰研究中心主任刘再起教授，系俄罗斯外交部国际关系学院博士、国际关系与国际政治知名专家、武汉大学经济与管理学院世界经济系教授、博士生导师，系中国俄罗斯中亚东欧学会常务理事、中俄关系史学会理事、副秘书长。多年来，刘再起教授一直致力于研究国际关系、国际贸易理论与政策、世界经济与政治（国际经济关系），尤其对中俄、中国与中亚、中国与东盟地区的贸易经济与地缘政治领域具有较为深入的研究，在国内外产生了较大的学术影响力。他曾经多次陪同湖北省、武汉市的主要领导访问乌克兰，参与湖北省、武汉市与乌克兰、基辅市的经济文化交流活动。在武汉大学俄罗斯乌克兰研究中心的牵线搭桥之下，武汉大学与乌克兰基辅大学建立了友好的校际联系，签署了友好合作协议。

二 办院宗旨

武汉大学俄罗斯乌克兰研究中心积极推动中心向实体化发展，争取成为教育部或湖北省的地区国别研究基地，努力成为专业的、具有国际影响力的俄罗斯乌克兰问题研究智库。

三 主要研究领域

武汉大学俄罗斯乌克兰研究中心的主要研究领域为国际问题研究、经济学、"一带一路"、"万里茶道"等。

四 课题研究定位

武汉大学俄罗斯乌克兰研究中心主要开展与俄罗斯乌克兰相关的国际问题研究，参与中俄两国元首共同倡议的"万里茶道"申遗项目申请，参与"一带一路"问题研究。

五 研究经费的主要来源方式

武汉大学俄罗斯乌克兰研究中心的研究经费主要来源于中心人员申请的各级各类科研项目经费，学校没有专门配套经费。

六 智库的专业影响力

2016年以来，武汉大学俄罗斯乌克兰研究中心主任刘再起教授一个人负责中心的行政管理工作。俄罗斯乌克兰研究中心（含俄语系）有教授（包括兼职教授）5名，博士（包括副教授）6名，有自己独立的办公场所和公共邮箱。设立了一个专职研究员，其他均为兼职人员。中心没有聘请国外研究人员。

近年来，以武汉大学俄罗斯乌克兰研究中心和俄语系的名义发表学术论文共计20多篇，中心主要研究人员申请各类科研项目10余项，出版各类著作5部，研究成果获得湖北省（部级）、武汉市社会科学优秀成果奖5项。

表13—1　　　　　　　　中心主要研究人员发表论文情况

序号	作者	论文名称	期刊名称	时间
1	刘再起（第一作者）	《"一带一路"倡议与对外开放再平衡》	《湖北社会科学》（中文核心）	2017年10月
2	刘再起	《"一带一路"背景下的中美俄经济关系》	《人民论坛·学术前沿》	2017年9月
3	刘再起（第一作者）	《"一带一路"背景下中国对欧盟直接投资的贸易效应》	《学习与实践》（中文核心）	2017年8月
4	刘再起（第一作者）	《"一带一路"：中国软实力的"西游"之路》	《江汉论坛》（CSSCI核心）	2016年6月
5	刘再起（第一作者）	《"一带一路"战略与中国参与全球治理研究——以话语权和话语体系为视角》	《学习与实践》（中文核心）	2016年4月
6	刘再起（第一作者）	《论"万里茶道"与"一带一路"战略》	《文化软实力研究》	2016年1月
7	刘再起	《东方茶港汉口及其与俄罗斯的历史文化联系》	《万里茶道申遗汇编》	2015年

续表

序号	作者	论文名称	期刊名称	时间
8	刘再起（第一作者）	《现代化进程中政府经济行为的国际比较》	《江汉学术》	2015年5月
9	刘再起（第一作者）	《中国对东盟OFDI的国别贸易效应实证分析》	《世界经济研究》（中文核心）	2014年6月
10	刘再起（第一作者）	《对外贸易、劳动力转移与全要素生产率增长》	《云南财经大学学报》	2015年2月
11	刘再起（第一作者）	《FDI和ODI出口贸易效应比较——基于面板数据的协整分析》	《经济问题探索》	2015年1月
12	刘再起（第一作者）	《市场化进程中地方政府经济行为模式与全要素生产率增长》	《经济与管理研究》	2014年10月
13	刘再起（第一作者）	《市场化进程中地方政府经济行为模式与产业结构演进》	《经济管理》	2014年9月
14	刘再起	《茶叶贸易与俄罗斯在汉口》	Enciciopedica	2014年6月
15	刘再起（第一作者）	《转型时期地方政府利益偏好与经济增长》	《财贸研究》	2014年2月
16	刘再起（第一作者）	《俄罗斯安全体制改革与启示》	《俄罗斯东欧中亚研究》	2013年4月
17	刘再起（第一作者）	《对外贸易、市场整合与地区经济增长——基于bootsrap面板因果检验》	《世界经济研究》	2013年3月（被人大复印资料《国际贸易研究》2015年5月全文转载）

表13—2　　　　　　出版专著、译著情况

序号	作者	专（译）著名称	出版社	出版年份
1	刘再起编著	《湖北五峰在"万里茶道"的地位和作用》	湖北人民出版社	2017

续表

序号	作者	专（译）著名称	出版社	出版年份
2	刘再起 编著	《湖北与中俄万里茶道》	人民出版社	2018
3	刘再起 副主编	《俄军财务研究》	解放军出版社	2010
4	刘再起 主编	《国际关系社会学》《世界政治》《国际安全》《生态政治与全球学》等5部系列学术译著共计140万字	武汉大学出版社	2007—2009
5	刘再起	《冷战后的中俄关系（1991—2003）》俄文	莫斯科俄罗斯科学院科学出版社	2004

表13—3　　　　　　　研究成果获奖情况

序号	论文/著作标题	获奖情况
1	论文：Мягкая сила в развитии стратегии Китая（中国发展中的软实力）	第八届湖北省社会科学优秀成果奖二等奖
2	译著：《国际关系社会学》《世界政治》《国际安全》	第七届湖北省社会科学优秀成果奖三等奖
3	论文：《市场化进程中的地方政府经济行为模式与经济增长研究》（系列论文）	第十届湖北省社会科学优秀成果奖三等奖
4	论文：《对外贸易、市场整合与地区经济增长——基于bootstrap面板因果检验》	武汉市第十四次社会科学优秀成果二等奖
5	论文：《软实力是影响国际关系格局变化的重要因素》	武汉市第十三次社会科学优秀成果二等奖

七 智库的政府影响力

（一）中心承担政府委托项目情况

表 13—4　　　　　中心承担政府委托项目情况

序号	项目名称	主持/参与人	委托机构
1	俄国史料中的汉口茶商和俄侨研究	刘再起主持	武汉市人民政府
2	艺术城市研究	刘再起主持	长江规划勘察设计院
3	"一带一路"（万里茶道）与五峰县茶学术会议合作	刘再起主持	湖北省五峰宜红茶都有限公司
4	苏联解体20年来俄罗斯档案事业的变革与发展研究（13BTQ064）	肖秋会主持，田园参与（排位第二）	全国哲学社会科学规划办公室

（二）中心为政府培训人员情况

2016年9月，俄罗斯乌克兰研究中心和武汉大学经济与管理学院共同组织并举办了山西晋中市民营企业家"晋商与万里茶道"为期一周的培训班活动。

（三）向政府提交咨询报告情况

表 13—5　　　　　向政府提交咨询报告情况

提交人	研究报告名称	采纳部门	时间	备注
刘再起	《在后经济危机时代，湖北省扩大经济开放力度的建议》	湖北省委和省政府	2014年5月	通过湖北省社会科学界联合会提交，获得湖北省领导集体批示
刘再起等	《开展万里茶道研究，促进湖北更好地融入"一带一路"战略》研究报告	湖北省委和省政府	2016年10月	—

(四) 参加政府部门座谈会的情况

在武汉大学俄罗斯乌克兰研究中心的大力倡议之下，2016年8月，于湖北省五峰县召开了"万里茶道·一带一路五峰国际学术会议"。该会议是由武汉大学、湖北省社会科学界联合会、武汉市人民政府、湖北省文物局和宜昌市人民政府联合举办，由五峰县和武汉市国际文化交流中心及三峡大学联合承办。此次会议的研究成果颇多，在社会上产生了较为强烈的反响。

2016年8—9月，俄罗斯乌克兰研究中心主任刘再起教授应邀参加武汉市、武汉大学和长江水利委员会共同举办的"大河文明对话"国际学术会议，并参与部分会务筹备及邀请相关专家的工作。

八　智库的社会影响力

武汉大学俄罗斯乌克兰研究中心的研究成果主要通过参政、召开论坛活动或会议、通过各种媒体宣传、与具体决策部门建立联系以其分析和观点影响具体决策进程等方式。目前，武汉大学俄罗斯乌克兰研究中心没有建立专门的网站，开展学术活动的新闻报道都是通过武汉大学网站发布。

目前，武汉大学俄罗斯乌克兰研究中心正积极参与万里茶道申遗工作，中心负责人说此举是为了更进一步挖掘"万里茶道"丰富的历史文化底蕴，引起国家和社会对"万里茶道"历史遗产保护、历史遗迹的收集和整理、知识产权的保护及世界文化遗产申请的重视。

(一) 主要研究人员被媒体的报道量

2014年10月，武汉大学资深教授冯天瑜先生与俄罗斯乌克兰研究中心主任刘再起教授一起参加文化部与湖北省共同组织的"中俄文化年"活动，并发表大会演讲；2014年6月，张鸿彦研究员赴俄罗斯萨玛拉参加中俄青年论坛，担任开幕式、闭幕式翻译，以及中共中央外事工作委员会办公室主任杨洁篪接见了翻译；2016年6月，张鸿彦、田园二人担任湖北省政府主办的"中国中部国际产能合作论坛暨企业对接洽谈会"会议"互联互通中欧专场"分会场同声传译翻译；俄罗斯乌克兰研究中心研究员接受香港凤凰卫视"凤凰大视野汉口五百年"专访和专题讲座。

（二）国内主流媒体对机构的报道量

国内的主流媒体对武汉大学俄罗斯乌克兰研究中心报道数量较多，武汉大学俄罗斯乌克兰研究中心举办会议、中心负责人参与政府组织的各种活动的新闻，曾经被《湖北日报》《长江日报》《香港文汇报》《武汉晚报》及武汉大学网站等媒体报道。

例如，2007年1月17日下午，武汉市常委、副市长袁善腊主持召开研究武汉大学俄罗斯乌克兰研究中心建设的现场办公会议，在武汉市高农集团武汉市常委、副市长袁善腊主持召开有武汉大学校办主任谢红星、社科部副部长谭玉敏和市外办、东湖高新技术开发管理委员会、市高农集团领导参加的办公会议，主要研究政府、学校和企业加强合作建设武汉大学俄罗斯乌克兰研究中心，共同开发俄罗斯东欧中亚经济与文化市场。俄罗斯乌克兰研究中心主任刘再起博士首先发言，介绍了研究中心的现状和发展规划以及为国家、省、市提供咨询服务的经验。在充分听取武汉大学同人和武汉市外办、东湖开发区管理委员会、武汉市高农集团负责人等的发言后，袁善腊副市长充分肯定了合作建设"武汉大学俄罗斯乌克兰研究中心"的必要性，并提出要在人才培养、提供市场服务和决策咨询服务方面充分发挥"武汉大学俄罗斯乌克兰研究中心"的作用。为此，武汉市政府将会同市有关部门给予政策性的支持，在人才培养和科研方面予以资助。

又如，汉网报道："随着'中部崛起'战略的实施和武汉市对外开放力度的不断扩大，特别是2006年9月，武汉市原市长李宪生对乌克兰基辅市进行成功访问之后，以及2006年11月基辅市副市长兹民先生率团对武汉市的回访，这两次访问活动进一步促进了武汉—基辅这对姊妹城市合作关系的加强。"

再如，2007年4月2日，武汉大学珞珈新闻网报道，《武汉大学俄罗斯乌克兰研究中心主任刘再起访问俄罗斯及乌克兰》。

九　智库的国际影响力

2007年是俄罗斯的"中国年"，武汉市与乌克兰首都基辅市自20世纪90年代结成了"友好城市"。2007年3月4—19日，应俄罗斯商会和乌克兰基辅市政府的邀请，武汉大学俄罗斯乌克兰研究中心主任刘再起教授与武汉市经济文化代表团访问了莫斯科、圣彼得堡和基辅等城市。中国驻俄罗斯大使馆公使衔经济商务参赞高锡云与中国驻乌克兰大使馆商务处负责同志接待了刘再起教授和代表团成员。在乌克兰访问期间，中心主任刘再起拜会了乌克兰国立基辅大学副校长别赫、外办主任和乌克兰国立技术大学第一副校长尤里，就武汉大学常务副校长陈昭方2007年9月对上述两校的访问以及在经济、国际关系、科技外语人才培养等领域开展校际合作开展了详细研讨。

在苏联时期，湖北省和乌克兰是友好省、加盟共和国，武汉市和乌克兰首都基辅市时至今日都是友好城市。湖北省武汉市与乌克兰经济文化联系比较频繁，近十年来俄罗斯乌克兰研究中心，特别是2011年10月接待了乌克兰总统兼总理顾问佩茨科夫院士，并且在武汉大学原校长李晓红的支持下，该院士在珞珈讲坛上公开发表了演说。

（一）中心与国际机构合作的方式

武汉大学俄罗斯乌克兰研究中心与俄罗斯的一些高校曾经开展

学术合作，如与莫斯科大学、俄罗斯外交部国际关系大学等均有联系交流。中心主任刘再起教授应邀作《俄罗斯人文》杂志海外编辑。

俄罗斯乌克兰研究中心与中国社会科学院俄罗斯中亚东欧研究所、俄罗斯科学院远东研究所、"台湾国立政治大学"俄罗斯研究所、黑龙江大学俄罗斯研究所、日本北海道大学斯拉夫研究中心、乌克兰科学院世界经济与政治研究所、摩尔多瓦科学院、湖北省社科院、武汉市社科院等单位都进行过多次学术合作及交流。

（二）主要研究人员在国际论坛上发言的数量

武汉大学俄罗斯乌克兰研究中心缺乏出国开会的经费，因此中心研究员很少出国参加学术活动。

（三）研究人员的数量和国际化程度详情

武汉大学俄罗斯乌克兰研究中心目前没有邀请外国学者，也没有在国外设立分支研究机构。

十　存在的主要困难

第一，缺少人员编制和固定的研究经费。第二，体制和机制存在问题，包括科研项目经费的财务报销制度的不合理等多方面。第三，因为中心研究的乌克兰问题较为敏感，导致中心的发展受到诸多方面的限制。

十一　关于高校智库的评价指标体系

武汉大学俄罗斯乌克兰研究中心负责人认为，智库研究成果评价通过公开发表论文、出版专著的方式更好。

十二　加强基础设施建设、着力培养人才

为了更好地开展学术研究活动，武汉大学俄罗斯乌克兰研究中心开展了基础设施建设（图书资料、网站数据库）、人才队伍培养等项工作，具体情况如下：购买了一大批有关俄罗斯乌克兰研究的俄语书籍和学术刊物；购买了有关国际问题研究乌克兰国情的音像资料；建立了公共邮箱号；中心和武汉大学外语学院俄语系进行文化融合发展，共同培养人才；中心积极推荐俄语系师生参加各种国内外学术活动，包括担任各种会议活动翻译，以锻炼学术人才队伍。

十三　俄罗斯乌克兰研究中心发展的愿景

武汉大学俄罗斯乌克兰研究中心负责人认为，高校智库应以国家重大需求为导向，积极瞄准国家战略需求，聚焦全球治理和国家治理的重大现实问题，主动回应各类战略性和现实性需求，结合自身研究特色及优势，为国家和机构所在地的社会经济发展提供战略性的智力支持。为了更好地发挥武汉大学俄罗斯乌克兰研究中心的智库功能，需要保持适度的学术自由度，学校与社会应为其提供较为宽松的学术环境；面对全球信息化时代，俄罗斯乌克兰研究中心研究员要用扎实的基础功夫、开放的眼光、平和的心态，辅以现代化的技术手段，应对其挑战和变化。

第十四章

以社会需求为导向,大力提高科学研究水平

——湖北大学旅游开发与管理研究中心

图 14—1 湖北大学旅游开发与管理研究中心

一 湖北大学旅游开发与管理研究中心简介

湖北大学旅游开发与管理研究中心（Research Center of Tourism Development and Management Hubei University）成立于 2001 年 10 月,是湖北省人文社科重点研究基地。该中心以省级重点学科旅游管理为基础,依托于湖北大学旅游发展研究院、商学院,系全国第

一个旅游类省级人文社会科学重点研究基地。中心曾获得全国旅游院校唯一的一项国家级优秀教学成果二等奖，在全国旅游科研院所中享有较高的知名度和良好的学术声誉。中心主任马勇教授系国家级教学名师、教育部工商管理学科教学指导委员会旅游专业组负责人、湖北省人民政府咨询委员会委员、中国会展经济研究会副会长、湖北省旅游学会会长。

湖北大学商学院共有3个湖北省人文社科研究基地，分别是"旅游开发与管理研究中心""开放经济研究中心""湖北人才发展战略与政策研究中心"。湖北大学旅游开发与管理研究中心制度建设完善，运作有序，其学术委员会主任由云南大学旅游学院院长田里担任，其成员涵盖中山大学、华南理工大学、上海师范大学知名教授。

中心成员研究领域涉及多门学科，系一支专业结构合理、综合实力较强的跨学科研究团队，其学科带头人及学术骨干均具有高级职称或有博士学位，具有较为扎实的专业理论功底，都有着长期独立开展科研工作的经验和实力，在各自的研究领域中拥有一定的学术地位和学术影响。

中心设旅游规划研究室、旅游企业研究室、旅游营销研究室、会展节庆研究室4个研究机构，拥有旅游管理硕士学位授予权。

二 办院宗旨

湖北大学旅游开发与管理研究中心始终坚持以发展为主题，以学科建设为龙头，以社会需求为导向，不断强化人才培养质量，大力提高科学研究水平，全面优化师资队伍结构，上下一心凝神聚气共谋发展。在为地方经济建设服务、旅游学科专业建设与发展、旅游高级人才培养和提升湖北大学学术地位等方面均发挥出重要作用。

三 主要研究领域

中心的主要研究领域包括旅游管理、旅游规划、旅游营销、旅游文化、旅游法律、旅游政策等。

四 研究经费的主要来源方式

中心的研究项目来源十分广泛，研究经费充足，湖北省教育厅财政拨款及时到账，学校有配套经费支持。

五 研究人员管理模式

中心研究团队有专职和兼职，挂靠在湖北大学。现拥有研究人员25人，其中专职研究人员15人、兼职研究人员10人。专职研究人员主要为湖北大学商学院教师，其中87%为教授，兼职研究人员包括来自中南财经政法大学、华中师范大学、武汉大学、江汉大学、武汉轻工大学相关专业的教授，以及湖北省旅游局相关人员、旅行社、华侨城、酒店等管理人员等。

六 智库的专业影响力

中心研究成果丰硕，已公开发表研究论文480余篇，在国内外重要学术期刊上公开发表或被重要检索系统收录或被著名刊物转载、引用、述评的有230多篇（部），其中获奖项目5项（国家级1项、省部级2项、厅局级2项）。

表14—1 2015年智库主要研究人员发表文章和研究报告情况

序号	作者	论文名称	期刊名称	时间
1	李志飞	"The Impact of Experience Activities on Tourist Impulse Buying: An Empirical"	*Asia Pacific Journal of Tourism Research*	2015年1月（SSCI）
2	马勇、刘佳诺	"Study on the Value Promotion and Develpment Strategy of Smart Tourism"	The Twelfth Wuhan International Conference on E-Business	2015年10月

续表

序号	作者	论文名称	期刊名称	时间
3	马勇、刘军	《长江中游城市群产业生态化效率研究》	《经济地理》	2015年6月
4	马勇、周婵	《旅游产业生态圈体系构建与管理创新研究》	《旅游管理》	2015年2月
5	李志飞、曹珍珠	《旅游引导的新型城镇化：一个多维度的中外比较研究》	《旅游学刊》	2015年7月
6	赵亮	《基于人口规模分布的武汉城市圈空间自组织演化评价》	《经济地理》	2015年10月
7	熊剑平、余意峰	《目的地熟悉度对民族地区旅游者地方感知的影响研究》	《经济地理》	2015年11月
8	马勇、王佩佩	《旅游者低碳旅游消费倾向影响因素研究》	《旅游研究》	2015年1月
9	马勇、杨洋	《低碳旅游价值解读及发展模式重构》	《生态经济》	2015年3月
10	胡芬	《后现代视角下武汉市乡村休闲游的需要研究》	《旅游研究》	2015年3月
11	—	《湖北省旅游产业人才建设调查研究报告》	—	—

表14—2　　2015年智库主要研究人员出版专著情况

序号	作者	著作名称	出版社
1	马勇	《会展学原理》	重庆大学出版社
2	马勇	《酒店品牌建设与管理》	重庆大学出版社
3	马勇	《旅游市场营销》	东北财经大学出版社
4	马勇	《展示工程与设计》	华中科技大学出版社
5	马勇	《当代商务英语实务》	四川法学出版社
6	马勇	《都市圈空间成长的结构性机理》	中国经济出版社

（一）研究成果获奖情况

2013—2016年，中心科研获奖取得新的突破，多项研究成果获奖：《低碳旅游发展模式与实践创新》，获得国家旅游局优秀旅游学术成果奖；《促进全民创业，做大湖北创业者基数研究》，获得湖北省发展研究奖省部级一等奖；《高铁对湖北的影响与发展高铁经济研究》，获得湖北省发展研究奖，省部级二等奖；《国际储备货币体系改革问题研究》，获得第八届湖北省社会科学优秀成果三等奖；《中国在东亚生产网络中的贸易利益》（系列论文），获得武汉市第十三次社会科学优秀成果三等奖；《推进武汉建设新型国家中心城市的政策研究》，获得湖北省发展研究奖，省部级三等奖。

（二）公开出版发行的刊物

中心没有公开出版刊物，每年出版一本《湖北省旅游发展研究报告》。

七　智库的政府影响力

（一）中心承担政府委托项目情况

近年来，中心科学研究工作提质进位，研究项目数和经费均取得突破。中心承担国家级、省级重点项目及横向科研和旅游规划项目等60余项，项目层次较高，其中国家级项目3项。包括：马勇：国家社科基金中华学术外译项目"中国旅游文化史纲（英文）"；省部级项目"旅游管理专业学位教学案例研究"；国家自然基金项目"多目标多主体共生视角下农地城市流转决策与利益协调机制研究"；国家自然基金项目"上海合作组织能源合作对中国宏观经济的影响——基于CGE数值模拟方法"；李志飞：省部级项目"旅游者二元行为理论：基于长居地—旅游地二元情景的社会变化"；胡芬：省部级项目"团风县旅游发展总体规划"；李力飞：省部级项目"我国中部特大城市生态文明建设评价指标体系研究"；余意峰：

省部级项目"旅游开发背景下少数民族村寨居民地方感变迁研究"。

（二）中心为政府培训人员情况

2013—2016年，中心组织参与省、市、县旅游行业管理人员培训5次；2015年，中心组织全国旅游院校师资培训班《高等学校教师的素质培养与能力提升》，效果良好。

（三）向政府提交咨询报告，获得政府领导批示的情况

《关于"互联网+"与创新驱动发展问题研究》获得省委李鸿忠书记、傅德辉秘书长的肯定；《优化人才服务保障助推湖北抢占新一轮"互联网+双创"发展高地》得到湖北省省长的肯定性批示；《大力发展会展业助推武汉市实现跨越式发展》得到武汉市市长唐良智肯定性批示；《大力发展会展业助推武汉市实现跨越式发展》得到武汉市副市长邵为民肯定性批示；《关于以旅游产业为驱动力推进湖北省新型城镇化发展的建议》收录到湖北省人民政府咨询参考。

（四）参加政府部门座谈会的情况

2013—2016年，中心人员参加省政府、省委、国家旅游局座谈会约10多次。例如，中心研究人员参加国家旅游局中国旅游研究院年会发表主题演讲、湖北省旅游局工作年会讲座主题演讲、第五届亚太地区旅游会展教育与产业发展国际研讨会主题演讲、湖北省旅游局旅游学会学术年会主题演讲、湖北省文化促进会主题演讲等。

八 智库的社会影响力

中心主任马勇教授入选中组部、教育部"万人计划"；余意峰入选国家"2013年度旅游业青年专家培养计划人选"；马勇教授担任湖北省人民政府咨询委员会委员，通过主动参政议政发挥高校智库功能，其主讲的"旅游规划与开发"课程曾获得国内旅游学科唯一的国家级精品课程。

中心建设有中、英文网站并时常作更新，微信公众号"旅游规划与开发""旅游生态经济学"。用于科研工作需要的办公用房、计算机、复印机以及专业图书资料较为齐全。

九 智库的国际影响力

（一）中心与国际机构合作的方式

中心科研条件优良，常年招收中外访问学者。中心与国内外旅游研究机构开展多项合作交流，与澳门城市大学、澳门科技大学合作办学，合作方式有联合培养博士、开展科学研究及召开学术会议、论坛等。

（二）主要研究人员在国际论坛上发言的数量

2013—2016 年，中心人员参加国外会议论坛 20 余次。例如，参加 2011 年 G20 峰会旅游论坛、亚太地区现代服务业发展高峰论坛、亚太地区旅游会展教育与产业互助发展国际研讨会、第十四届（2014）中国经济学年会、2015 年第四届中欧国际旅游论坛、2015 年教育部旅游管理类教学指导委员会第二次会议暨全国高校旅游学院院长联席会议、第九届成人教育与社会发展国际研讨会和国际研究生论坛等。

（三）研究人员的数量和国际化程度详情

中心现有的专职研究人员 15 人中有 7 人获得博士学位，5 名研究人员拥有国外博士学位或国外访问学者经历。

中心主任马勇教授认为，一流的高校智库应把更多的时间与精力用于研究前瞻性的问题，事先准备好政策建议，在政府需要的时候及时提供政策建议。大力推进高校智库研究成果转化，构建高校智库跨学科研究核心团队，从而实现高校智库参政议政功能。

第十五章

贴近武汉、研究武汉、服务武汉
——江汉大学武汉研究院

图 15—1　江汉大学武汉研究院

一　江汉大学武汉研究院简介

江汉大学武汉研究院（Institute of Wuhan Studies Jianghan University）成立于 2012 年 3 月，其是原江汉大学发展研究院更名而来，是江汉大学基于武汉经济社会中长期发展的战略研究，为武汉经济社会发展服务而成立的综合性高校智库。武汉研究院依托政府、服务政府，致力于围绕武汉地区经济社会发展中的重大现实问题，整合江汉大学及武汉市的优势资源，进行高层次的应用对策研究。

武汉研究院院长涂文学教授、博士生导师，江汉大学原副校长，著名的"武汉学"专家，多年来潜心研究武汉城市历史文化，成果丰硕。涂院长现任武汉市政府决策咨询委员会副主席，曾任湖北大学学报编辑，武汉市社会科学研究院历史研究室副主任、历史研究所副所长、城市历史与文化研究所所长、院精神文明研究中心副主任、城市文化研究中心主任、武汉市档案局副局长、江汉大学发展研究院院长、江汉大学城市研究所所长、武汉城市记忆研究中心主任等。主要社会兼职有：中华口述历史研究会副会长，武汉市社会科学界联合会副主席，武汉市历史学会常务副会长兼秘书长，武汉市档案学会理事长，华中师范大学武汉社会文化研究院副院长，武汉市人大常委，武汉市政协文史学习委员会副主任，中国农工民主党武汉市副主委。

武汉研究院制定了《江汉大学武汉研究院学术委员会章程》《江汉大学武汉研究院章程》《江汉大学武汉研究院开放性课题管理办法》《江汉大学武汉研究院学术活动管理办法》等相关规章制度。研究院依托江汉大学现有的人文社会科学研究机构（33个研究中心、研究所），其中既有武汉制造业研究中心、武汉语言文化研究中心等湖北省人文社科研究重点基地，也有城市记忆工程与城市历史文化研究所、大数据研究中心、汽车产业与汽车文化研究所等应用性较强的专业研究所（中心）等。

江汉大学武汉研究院一直坚持服务武汉地区的政治、经济与社会发展，开展独立性、现实性研究，结合前瞻性研究与应用性研究，致力于建设开放性的研究平台，拟打造成为产学研用紧密结合的中国特色新型高校智库。

二　办院宗旨

江汉大学武汉研究院成立伊始，即定位于"贴近武汉、研究武汉、服务武汉"，建设中国特色新型地方高校智库，试图在政策建议、引导舆论、战略研究和文化交流等方面走在前列，为武汉市委市政府决策提供建设性的意见、建议与参考，充分发挥高校智库的"资政建言"作用。

三 研究定位和研究领域

第一，立足于中长远发展战略研究。围绕武汉城市发展的重大宏观性、战略性和前瞻性问题展开深入的理论研究，力争为武汉市委、市政府提供有价值的战略决策咨询服务。第二，立足于第三方独立研究。作为独立的研究机构，武汉研究院在依托江汉大学的现有资源，解决了大部分研究经费的同时，通过市财政建立武汉研究院专项资金，并广泛开拓资金来源。以保证研究的独立性、科学性与客观性。

武汉研究院的主要研究领域包括政治、经济、历史、文化等。

四 研究人员管理模式

武汉研究院下设办公室，学校配备有5个专职行政管理人员编制。研究院建立了专、兼职相结合的研究团队，聘请武汉地区的专家学者组成院学术委员会，并在部分高校、研究机构及相关单位聘请知名专家担任特聘研究员，以不断提升武汉研究院研究水平。研究院现有20多位专职研究人员，其中有9人拥有博士学位；兼职研究人员则有来自于北京、海外的专家及武汉本地的专家学者等数十位。

五 高度重视扩大社会影响力

新中国成立后，经过多年的精心建设，武汉已经成为我国中部地区重要的综合性工业重镇、商品贸易中心、交通枢纽和教育科研基地，尤其是改革开放后，武汉现代化的气息日渐浓厚，城市面貌日新月异。在中部崛起的发展战略下，武汉更进一步地显示出大都市的潜力和魅力。武汉的历史文化具有深厚的积淀和丰富的内涵，不愧为国家的历史文化名城，值得深入研究。

武汉研究院建设有自己的中文网站，进行宣传和发布研究成果。武汉市人民政府每年投入300万—500万元，主要用于武汉研究院开放性课题研究、出版蓝皮书、资助出版武汉研究院文库等。其主要工作包括每年发布开放性课题、每月举办一次学术论坛、每月根据开放性课题研究成果提炼专家观点并呈交市政府相关部门、每周撰写并发布工作简报等。

武汉研究院开放性课题面向全球发布，因此吸引了社会各界的极大关注，每年都会收到来自全国各地100多位研究者的课题申请书，并最终经过学术委员会评审出立项课题。

研究院的具体工作方式如下：第一，根据武汉的发展现实需求，在征集课题指南基础之上，自行发布开放性课题。利用武汉研究院专项资金资助相关课题研究，通过邀标、委托等形式，组建高水平研究团队，将武汉的改革与发展纳入全省、全国视野，甚至是全球视野进行深度研究。第二，积极主动与政府相关部门、企事业单位建立联系，开展战略合作研究。第三，面向武汉的行业产业，围绕国有企业改革发展、产业结构调整、产业发展规划等开展决策咨询服务。第四，鼓励本院研究所（中心）人员申报各级各类与武汉研究相关的课题。

（一）代表性研究成果

自成立以来，武汉研究院已发布、出版2本蓝皮书——《武汉企业发展报告2016》《武汉企业发展报告2017》。2014—2017年，公开发表论文146篇、出版专著41部、被采用研究报告2篇，获得各类社会科学研究成果奖45次。

（二）逐步发挥高校智库的功能

武汉研究院围绕武汉地区的发展战略需求，聚焦社会主义经济建设、政治建设、文化建设、社会建设以及生态文明建设和党的建设中的重大问题，整合江汉大学以及武汉市的优势资源，进行高层次的学术研究和应用对策研究，在各方面均取得较大的成就，产生了较好的学术影响和社会反响。自成立以来，武汉研究院承担了国家社科基金项目、省市社科项目和其他各级各类课题共100多项，累计到账经费约有1000多万元。其中，国家社科基金项目有8项。

江汉大学城市研究中心、江汉大学武汉语言文化研究中心、武汉城市圈制造业发展环境研究中心是3个湖北省人文社会科学重点研究基地。其中，江汉大学城市研究中心，积极瞄准武汉城市热点问题，主动参与武汉市各类招标课题，为武汉地方经济社会发展服务。在当代武汉城市发展问题、特别是文化建设现实问题的研究领域取得了重要话语权，较好地发挥了高校智库的功能。香港凤凰卫视等媒体曾采访、报道江汉大学城市研究中心的负责人涂文学教授及其研究成果。

武汉研究院具有较为坚实的学科基础，其研究人员大都具有较高的学历、较为扎实的理论基本功，其中正高职称3人，副高6人，所学专业包括历史学、经济学、政治学、管理学等。如何更好地整合优势资源、充分发挥人才优势、学科优势，服务于武汉地方经济社会发展，为市委市政府提供高质量的决策咨询报告，是值得认真研究的课题。从学者和研究者的角度来看，个人认为武汉研究院应根据江汉大学系非研究型大学、地方应用型高校的特点以及研究"武汉"的区域条件限制等现实问题，尽快调整智库定位，将原来的综合性智库变更为专业性高校智库。此外，引进高层次人才，合理配置人才队伍、确保有用人才聚焦于国家和面向国际战略需求，更好地运用智库学者"旋转门"，选择恰当的研究领域，发挥学科专业优势，强化智库成果转化能力，才能让地方高校智库"走出去"，成为政府需要的、用得上的特色新型高校智库。

作为新型地方高校智库，武汉研究院在政策建议、引导舆论、战略研究等方面理应走在前列，为党委政府决策提供建设性的意见、建议与参考，主动发挥"资政建言"的作用，为学校"双一流"学科建设服务。

附 录

近年来国家颁布的关于智库的政策文件

《教育部关于全面提高高等教育质量的若干意见》

中华人民共和国教育部教高〔2012〕4号

2012年3月16日

各省、自治区、直辖市教育厅（教委），新疆生产建设兵团教育局，有关部门（单位）教育司（局），部属各高等学校：

　　为深入贯彻落实胡锦涛总书记在庆祝清华大学建校100周年大会上的重要讲话精神和《国家中长期教育改革和发展规划纲要（2010—2020年)》，大力提升人才培养水平、增强科学研究能力、服务经济社会发展、推进文化传承创新，全面提高高等教育质量，现提出如下意见。

　　（一）坚持内涵式发展。牢固确立人才培养的中心地位，树立科学的高等教育发展观，坚持稳定规模、优化结构、强化特色、注重创新，走以质量提升为核心的内涵式发展道路。稳定规模，保持公办普通高校本科招生规模相对稳定，高等教育规模增量主要用于发展高等职业教育、继续教育、专业学位硕士研究生教育以及扩大民办教育和合作办学。优化结构，调整学科专业、类型、层次和区域布局结构，适应国家和区域经济社会发展需要，满足人民群众接受高等教育的多样化需求。强化特色，促进高校合理定位、各展所长，在不同层次不同领域办出特色、争创一流。注重创新，以体制机制改革为重点，鼓励地方和高校大胆探索试验，加快重要领域和关键环节改革步伐。按照内涵式发展要求，完善实施高校"十二五"改革和发展规划。

（二）促进高校办出特色。探索建立高校分类体系，制定分类管理办法，克服同质化倾向。根据办学历史、区位优势和资源条件等，确定特色鲜明的办学定位、发展规划、人才培养规格和学科专业设置。加快建设若干所世界一流大学和一批高水平大学，建设一批世界一流学科，继续实施"985工程""211工程"和优势学科创新平台、特色重点学科项目。加强师范、艺术、体育以及农林、水利、地矿、石油等行业高校建设，突出学科专业特色和行业特色。加强地方本科高校建设，以扶需、扶特为原则，发挥政策引导和资源配置作用，支持有特色高水平地方高校发展。加强高职学校建设，重点建设好高水平示范（骨干）高职学校。加强民办高校内涵建设，办好一批高水平民办高校。实施中西部高等教育振兴计划，推进东部高校对口支援西部高校计划。完善中央部属高校和重点建设高校战略布局。

（三）完善人才培养质量标准体系。全面实施素质教育，把促进人的全面发展和适应社会需要作为衡量人才培养水平的根本标准。建立健全符合国情的人才培养质量标准体系，落实文化知识学习和思想品德修养、创新思维和社会实践、全面发展和个性发展紧密结合的人才培养要求。会同相关部门、科研院所、行业企业，制订实施本科和高职高专专业类教学质量国家标准，制定一级学科博士、硕士学位和专业学位基本要求。鼓励行业部门依据国家标准制定相关专业人才培养评价标准。高校根据实际制订科学的人才培养方案。

（四）优化学科专业和人才培养结构。修订学科专业目录及设置管理办法，建立动态调整机制，优化学科专业结构。落实和扩大高校学科专业设置自主权，按照学科专业设置管理规定，除国家控制布点专业外，本科和高职高专专业自主设置，研究生二级学科自主设置，在有条件的学位授予单位试行自行增列博士、硕士一级学科学位授权点。开展本科和高职高专专业综合改革试点，支持优势特色专业、战略性新兴产业相关专业和农林、水利、地矿、石油等行业相关专业以及师范类专业建设。建立高校毕业生就业和重点产业人才供需年度报告制度，健全专业预警、退出机制。连续两年就业率较低的专业，除个别特殊专业外，应调减招生计划直至停招。加大应用型、复合型、技能型人才培养力度。大力发展专业学位研究生教育，逐步扩大专业学位硕士研究生招生规模，促进专业学位和学术学位协调发展。

（五）创新人才培养模式。实施基础学科拔尖学生培养试验计划，建设一批国家青年英才培养基地，探索拔尖创新人才培养模式。实施卓越工程师、卓越农林人才、卓越法律人才等教育培养计划，以提高实践能力为重点，探索与有关部门、科研院所、行业企业联合培养人才模式。推进医学教育综合改革，实施卓越医生教育培养计划，探索适应国家医疗体制改革需要的临床医学人才培养模式。实施卓越教师教育培养计划，探索中小学特别是农村中小学骨干教师培养模式。提升高职学校服务产业发展能力，探索高端技能型人才系统培养模式。鼓励因校制宜，探索科学基础、实践能力和人文素养融合发展的人才培养模式。改革教学管理，探索在教师指导下，学生自主选择专业、自主选择课程等自主学习模式。创新教育教学方法，倡导启发式、探究式、讨论式、参与式教学。促进科研与教学互动，及时把科研成果转化为教学内容，重点实验室、研究基地等向学生开放。支持本科生参与科研活动，早进课题、早进实验室、早进团队。改革考试方法，注重学习过程考查和学生能力评价。

（六）巩固本科教学基础地位。把本科教学作为高校最基础、最根本的工作，领导精力、师资力量、资源配置、经费安排和工作评价都要体现以教学为中心。高校每年召开本科教学工作会议，着力解决人才培养和教育教学中的重点难点问题。高校制订具体办法，把教授为本科生上课作为基本制度，将承担本科教学任务作为教授聘用的基本条件，让最优秀教师为本科一年级学生上课。鼓励高校开展专业核心课程教授负责制试点。倡导知名教授开设新生研讨课，激发学生专业兴趣和学习动力。完善国家、地方和高校教学名师评选表彰制度，重点表彰在教学一线作出突出贡献的优秀教师。定期开展教授为本科生授课情况的专项检查。完善国家、地方、高校三级"本科教学工程"体系，发挥建设项目在推进教学改革、加强教学建设、提高教学质量上的引领、示范、辐射作用。

（七）改革研究生培养机制。完善以科学研究和实践创新为主导的导师负责制。综合考虑导师的师德、学术和实践创新水平，健全导师遴选、考核等制度，给予导师特别是博士生导师在录取、资助等方面更多自主权。专业学位突出职业能力培养，与职业资格紧密衔接，建立健全培养、考核、评价和管理体系。学术学位研究生导师应通过科研任务，提高研究生的理论素养和实践能力。推动高校与科研院所联合培养，鼓励跨学科合作指导。专业学位研究生实行双导师制，支持在行业企业建立研究生工作站。开展专业学位硕士研究生培养综合改革试点。健全研究生考核、申诉、转学等机制，完善在课程教学、中期考核、开题报告、预答辩、学位评定等各环节的研究生分流、淘汰制度。

（八）强化实践育人环节。制定加强高校实践育人工作的办法。结合专业特点和人才培养要求，分类制定实践教学标准。增加实践教学比重，确保各类专业实践教学必要的学分（学时）。配齐配强实验室人员，提升实验教学水平。组织编写一批优秀实验教材。加强实验室、实习实训基地、实践教学共享平台建设，重点建设一批国家级实验教学示范中心、国家大学生校外实践教育基地、高职实训基地。加强实践教学管理，提高实验、实习实训、实践和毕业设计（论文）质量。支持高职学校学生参加企业技改、工艺创新等活动。把军事训练作为必修课，列入教学计划，认真组织实施。广泛开展社会调查、生产劳动、志愿服务、公益活动、科技发明、勤工助学和挂职锻炼等社会实践活动。新增生均拨款优先投入实践育人工作，新增教学经费优先用于实践教学。推动建立党政机关、城市社区、农村乡镇、企事业单位、社会服务机构等接收高校学生实践制度。

（九）加强创新创业教育和就业指导服务。把创新创业教育贯穿人才培养全过程。制定高校创新创业教育教学基本要求，开发创新创业类课程，纳入学分管理。大力开展创新创业师资培养培训，聘请企业家、专业技术人才和能工巧匠等担任兼职教师。支持学生开展创新创业训练，完善国家、地方、高校三级项目资助体系。依托高新技术产业开发区、工业园区和大学科技园等，重点建设一批高校学生科技创业实习基地。普遍建立地方和高校创新创业教育指导中心和孵化基地。加强就业指导服务，加快就业指导服务机构建设，完善职业发展和就业指导课程体系。建立健全高校毕业生就业信息服务平台，加强困难群体毕业生就业援助与帮扶。

（十）加强和改进思想政治教育。全面实施思想政治理论课课程方案，推动中国特色社会主义理论体系进教材、进课堂、进头脑。及时修订教材和教学大纲，充分反映马克思主义中国化最新成果。改进教学方法，把教材优势转化为教学优势，增强教学实效。制定思想政治理论课教师队伍建设规划，加大全员培训、骨干研修、攻读博士学位、国内外考察等工作力度。加强马克思主义理论学科建设，为思想政治理论课提供学科支撑。实施高校思想政治理论课建设标准，制定教学质量测评体系。加强形势与政策教育教学规范化、制度化建设。实施立德树人工程，提高大学生思想政治教育工作科学化水平。创新网络思想政治教育，建设一批主题教育网站、网络社区。推动高校普遍设立心理健康教育和咨询机构，开好心理健康教育课程。增强教师心理健康教育意识，关心学生心理健康。制定大学生思想政治教育工作测评体系。启动专项计划，建设一支高水平思想政治教育专家队伍，推进辅导员队伍专业化职业化。创新学生党支部设置方式，加强学生党员的教育、管理和服务，加强在学生中发展党员工作，加强组织员队伍建设。加强爱国、敬业、诚信、友善等道德规范教育，推动学雷锋活动机制化常态化。推进全员育人、全过程育人、全方位育人，引导学生自我教育、自我管理和自我服务。

（十一）健全教育质量评估制度。出台高校本科教学评估新方案，加强分类评估、分类指导，坚持管办评分离的原则，建立以高校自我评估为基础，以教学基本状态数据常态监测、院校评估、专业认证及评估、国际评估为主要内容，政府、学校、专门机构和社会多元评价相结合的教学评估制度。加强高校自我评估，健全校内质量保障体系，完善本科教学基本状态数据库，建立本科教学质量年度报告发布制度。实行分类评估，对2000年以来未参加过评估的新建本科高校实行合格评估，对参加过评估并获得通过的普通本科高校实行审核评估。开展专业认证及评估，在工程、医学等领域积极探索与国际实质等效的专业认证，鼓励有条件的高校开展学科专业的国际评估。对具有三届毕业生的高职学校开展人才培养工作评估。加强学位授权点建设和研究生培养质量监控，坚持自我评估和随机抽查相结合，每5年对博士、硕士学位授权点评估一次。加大博士学位论文抽检范围和力度，每年抽查比例不低于5%。建立健全教学合格评估与认证相结合的专业学位研究生教育质量保障制度。建设学位与研究生教育质量监控信息化平台。

（十二）推进协同创新。启动实施高等学校创新能力提升计划。按照国家急需、世界一流要求，坚持"需求导向、全面开放、深度融合、创新引领"原则，瞄准世界科技前沿，面向国家战略和区域发展重大需求，以体制机制改革为重点，以创新能力提升为突破口，通过政策和项目引导，大力推进协同创新。探索建立校校协同、校所协同、校企（行业）协同、校地（区域）协同、国际合作协同等开放、集成、高效的新模式，形成以任务为牵引的人事聘用管理制度、寓教于研的人才培养模式、以质量与贡献为依据的考评机制、以学科交叉融合为导向的资源配置方式等协同创新机制，产出一批重大标志性成果，培养一批拔尖创新人才，在国家创新体系建设中发挥重要作用。

（十三）提升高校科技创新能力。实施教育部、科技部联合行动计划。制定高校科技发展规划。依托重点学科，加快高校国家（重点）实验室、重大科技基础设施、国家工程技术（研究）中心以及教育部重点实验室、工程技术中心建设与发展。积极推进高校基础研究特区、国际联合研究中心、前沿技术联合实验室和产业技术研究院、都市发展研究院、新农村发展研究院等多种形式的改革试点，探索高校科学研究面向经济社会发展、与人才培养紧密结合、促进学科交叉融合的新模式。

（十四）繁荣发展高校哲学社会科学。实施新一轮高校哲学社会科学繁荣计划。积极参与马克思主义理论研究和建设工程，推进哲学社会科学教学科研骨干研修，做好重点教材编写和使用工作，形成全面反映马克思主义中国化最新成果的哲学社会科学学科体系和教材体系。推进高校人文社会科学重点研究基地建设，新建一批以国家重大需求为导向和新兴交叉领域的重点研究基地，构建创新平台体系。加强基础研究，强化应用对策研究，促进交叉研究，构建服务国家需要与鼓励自由探索相结合的项目体系。瞄准国家发展战略和重大国际问题，推进高校智库建设。重点建设一批社会科学专题数据库和优秀学术网站。实施高校哲学社会科学"走出去"计划，推进优秀成果和优秀人才走向世界，增强国际学术话语权和影响力。

（十五）改革高校科研管理机制。激发创新活力、提高创新质量，建立科学规范、开放合作、运行高效的现代科研管理机制。推进高校科研组织形式改革，提升高校科研管理水平，加强科研管理队伍建设，增强高校组织、参与重大项目的能力。创新高校科研人员聘用制度，建立稳定与流动相结合的科研团队。加大基本科研业务费专项资金投入力度，形成有重点的稳定支持和竞争性项目相结合的资源配置方式。改进高校科学研究评价办法，形成重在质量、崇尚创新、社会参与的评价方式，建立以科研成果创造性、实用性以及科研对人才培养贡献为导向的评价激励机制。

（十六）增强高校社会服务能力。主动服务经济发展方式转变和产业转型升级，加快高校科技成果转化和产业化，加强高校技术转移中心建设，形成比较完善的技术转移体系。支持高校参与技术创新体系建设，参与组建产学研战略联盟。开展产学研合作基地建设改革试点，引导高校和企业共建合作创新平台。瞄准经济社会发展重大理论和现实问题，加强与相关部门和地方政府合作，建设一批高水平咨询研究机构。支持高校与行业部门（协会）、龙头企业共建一批发展战略研究院，开展产业发展研究和咨询。组建一批国际问题研究中心，深入研究全球问题、热点区域问题、国别问题。

（十七）加快发展继续教育。推动建立继续教育国家制度，搭建终身学习"立交桥"。健全宽进严出的继续教育学习制度，改革和完善高等教育自学考试制度。推进高校继续教育综合改革，引导高校面向行业和区域举办高质量学历和非学历继续教育。实施本专科继续教育质量提升计划、高校继续教育资源开放计划。开展高校继续教育学习成果认证、积累和转换试点工作，鼓励社会成员通过多样化、个性化方式参与学习。深入开展和规范以同等学力申请学位工作。

（十八）推进文化传承创新。传承弘扬中华优秀传统文化，吸收借鉴世界优秀文明成果。加强对前人积累的文化成果研究，加大对文史哲等学科支持力度，实施基础研究中长期重大专项和学术文化工程，推出一批标志性成果，推动社会主义先进文化建设。发挥文化育人作用，把社会主义核心价值体系融入国民教育全过程，建设体现社会主义特点、时代特征和学校特色的大学文化。秉承办学传统，凝练办学理念，确定校训、校歌，形成优良校风、教风和学风，培育大学精神。组织实施高校校园文化创新项目。加强图书馆、校史馆、博物馆等场馆建设。面向社会开设高校名师大讲堂，开展高校理论名家社会行等活动。稳步推进孔子学院建设，促进国际汉语教育科学发展。推进海外中国学研究，鼓励高校合作建立海外中国学术研究中心。实施当代中国学术精品译丛、中华文化经典外文汇释汇校项目，建设一批国际知名的外文学术期刊、国际性研究数据库和外文学术网站。

（十九）改革考试招生制度。深入推进高考改革，成立国家教育考试指导委员会，研究制定考试改革方案，逐步形成分类考试、综合评价、多元录取的高校考试招生制度。改革考试内容和形式，推进分类考试，扩大高等职业教育分类入学考试试点和高等职业教育单独招生考试。改革考试评价方式，推进综合评价，探索形成高考与高校考核、高中学业水平考试和综合素质评价相结合的多样化评价体系。改革招生录取模式，推进多元录取，逐步扩大自主选拔录取改革试点范围，在坚持统一高考基础上，探索完善自主录取、推荐录取、定向录取、破格录取的方式，探索高等职业教育"知识+技能"录取模式。改革高考管理制度，推进"阳光工程"，加快标准化考点建设，规范高校招生秩序、高考加分项目和艺术体育等特殊类型招生。实施支援中西部地区招生协作计划，扩大东部高校在中西部地区招生规模。推进硕士生招生制度改革，突出对考生创新能力、专业潜能和综合素质的考查。推进博士生招生选拔评价方式、评价标准和内容体系等改革，把科研创新能力作为博士生选拔的首要因素，完善直博生和硕博连读等长学制选拔培养制度。建立健全博士生分流淘汰与名额补偿机制。

（二十）完善研究生资助体系。加大研究生教育财政投入，对纳入招生计划的学术学位和专业学位研究生，按综合定额标准给予财政拨款。建立健全研究生教育收费与奖学助学制度。依托导师科学研究或技术创新经费，增加研究生的研究资助额度。改革奖学金评定、发放和管理办法，实行重在激励的奖学金制度。设立国家奖学金，奖励学业成绩优秀、科研成果显著、社会公益活动表现突出的研究生。设立研究生助学金，将研究生纳入国家助学体系。

（二十一）完善中国特色现代大学制度。落实和扩大高校办学自主权，明确高校办学责任，完善治理结构。发布高校章程制定办法，加强章程建设。配合有关部门制定并落实坚持和完善普通高校党委领导下的校长负责制实施办法，健全党政议事规则和决策程序，依法落实党委职责和校长职权。坚持院系党政联席会议制度。高校领导要把主要精力投入学校管理工作中，把工作重点集中到提高教育质量上。加强学术组织建设，优化校院两级学术组织构架，制定学术委员会规则，发挥学术委员会在学科建设、学术评价、学术发展中的重要作用。推进教授治学，发挥教授在教学、学术研究和学校管理中的作用。建立校领导联系学术骨干和教授制度。加强教职工代表大会、学生代表大会建设，发挥群众团体的作用。总结推广高校理事会或董事会组建模式和经验，建立健全社会支持和监督学校发展的长效机制。

（二十二）推进试点学院改革。建立教育教学改革试验区，在部分高校设立试点学院，探索以创新人才培养体制为核心、以学院为基本实施单位的综合性改革。改革人才招录与选拔方式，实行自主招生、多元录取，选拔培养具有创新潜质、学科特长和学业优秀的学生。改革人才培养模式，实行导师制、小班教学，激发学生学习主动性、积极性和创造性，培养拔尖创新人才。改革教师遴选、考核与评价制度，实行聘用制，探索年薪制，激励教师把主要精力用于教书育人。完善学院内部治理结构，实行教授治学、民主管理，扩大学院教学、科研、管理自主权。

（二十三）建设优质教育资源共享体系。建立高校与相关部门、科研院所、行业企业的共建平台，促进合作办学、合作育人、合作发展。鼓励地方建立大学联盟，发挥部属高校优质资源辐射作用，实现区域内高校资源共享、优势互补。加强高校间开放合作，推进教师互聘、学生互换、课程互选、学分互认。加强信息化资源共享平台建设，实施国家精品开放课程项目，建设一批精品视频公开课程和精品资源共享课程，向高校和社会开放。推进高等职业教育共享型专业教学资源库建设，与行业企业联合建设专业教学资源库。

（二十四）加强省级政府统筹。加大省级统筹力度，根据国家标准，结合各地实际，合理确定各类高等教育办学定位、办学条件、教师编制、生均财政拨款基本标准，合理设置和调整高校及学科专业布局。省级政府依法审批设立实施专科学历教育的高校，审批省级政府管理本科高校学士学位授予单位，审核硕士学位授予单位的硕士学位授予点和硕士专业学位授予点。核准地方高校的章程。完善实施地方"十二五"高等教育改革和发展规划。加大对地方高校的政策倾斜力度，根据区域经济社会发展需要，重点支持一批有特色高水平地方高校。推进国家示范性高等职业院校建设计划，重点建设一批特色高职学校。

（二十五）提升国际交流与合作水平。支持中外高校间学生互换、学分互认、学位互授联授。继续实施公派研究生出国留学项目。探索建立高校学生海外志愿服务机制。推动高校制定本科生和研究生中具有海外学习经历学生比例的阶段性目标。全面实施留学中国计划，不断提高来华留学教育质量，进一步扩大外国留学生规模，使我国成为亚洲最大的留学目的地国。以实施海外名师项目和学科创新引智计划等为牵引，引进一批国际公认的高水平专家学者和团队。在部分高校开展聘请外籍人员担任"学术院系主任""学术校长"试点。推动高校结合实际提出聘用外籍教师比例的增长性目标。做好高校领导和骨干教师海外培训工作。支持高职学校开展跨国技术培训。支持高校境外办学。支持高校办好若干所示范性中外合作办学机构，实施一批中外合作办学项目。

（二十六）加强师德师风建设。制定高校教师职业道德规范。加强职业理想和职业道德教育，大力宣传高校师德楷模的先进事迹，引导教师潜心教书育人。健全师德考评制度，将师德表现作为教师绩效考核、聘用和奖惩的首要内容，实行师德一票否决制。在教师培训特别是新教师岗前培训中，强化师德教育特别是学术道德、学术规范教育。制定加强高校学风建设的办法，完善高校科研学术规范，建立学术不端行为惩治查处机构。对学术不端行为者，一经查实，一律予以解聘，依法撤销教师资格。

（二十七）提高教师业务水平和教学能力。推动高校普遍建立教师教学发展中心，重点支持建设一批国家级教师教学发展示范中心，有计划地开展教师培训、教学咨询等，提升中青年教师专业水平和教学能力。完善教研室、教学团队、课程组等基层教学组织，坚持集体备课，深化教学重点难点问题研究。健全老中青教师传帮带机制，实行新开课、开新课试讲制度。完善助教制度，加强助教、助研、助管工作。探索科学评价教学能力的办法。鼓励高校聘用具有实践经验的专业技术人员担任专兼职教师，支持教师获得校外工作或研究经历。加大培养和引进领军人物、优秀团队的力度，积极参与"千人计划"，实施"长江学者奖励计划"和"创新团队发展计划"，加强高层次人才队伍建设。选择一批高校探索建立人才发展改革试验区。实施教师教育创新平台项目。建立教授、副教授学术休假制度。

（二十八）完善教师分类管理。严格实施高校教师资格制度，全面实行新进人员公开招聘制度。完善教师分类管理和分类评价办法，明确不同类型教师的岗位职责和任职条件，制定聘用、考核、晋升、奖惩办法。基础课教师重点考核教学任务、教学质量、教研成果和学术水平等情况。实验教学教师重点考核指导学生实验实习、教学设备研发、实验项目开发等情况。改革薪酬分配办法，实施绩效工资，分配政策向教学一线教师倾斜。鼓励高校探索以教学工作量和教学效果为导向的分配办法。加强教师管理，完善教师退出机制，规范教师兼职兼薪。加强高职学校专业教师双师素质和双师结构专业教学团队建设，鼓励和支持兼职教师申请教学系列专业技术职务。依法落实民办高校教师与公办高校教师平等法律地位。

（二十九）加强高校基础条件建设。建立全国高校发展和建设规划项目储备库及管理信息系统，严格执行先规划、后建设制度。通过多种方式整合校园资源，优化办学空间，提高办学效益。完善办学条件和事业发展监测、评价及信息公开制度。加快推进教育信息化进程，加强数字校园、数据中心、现代教学环境等信息化条件建设。完善高等学历教育招生资格和红、黄牌学校审核发布制度，确保高校办学条件不低于国家基本标准。积极争取地方政府支持，缓解青年教师住房困难。

（三十）加强高校经费保障。完善高校生均财政定额拨款制度，建立动态调整机制，依法保证生均财政定额拨款逐步增长。根据经济发展状况、培养成本和群众承受能力，合理确定和调整学费标准。完善财政捐赠配比政策，调动高校吸收社会捐赠的主动性、积极性。落实和完善国家对高校的各项税收优惠政策。推动高校建立科学、有效的预算管理机制，统筹财力，发挥资金的杠杆和导向作用。优化经费支出结构，加大教学投入。建立项目经费使用公开制度，增加高校经费使用透明度，控制和降低行政运行成本。建立健全自我约束与外部监督有机结合的财务监管体系，提高资金使用效益。

《中国特色新型高校智库建设推进计划》

中华人民共和国教育部教社科〔2014〕1号
2014年2月10日

为深入贯彻落实党的十八大、十八届三中全会精神，贯彻落实习近平总书记关于加强智库建设的重要批示和刘延东副总理在"繁荣发展高校哲学社会科学 推动中国特色新型智库建设"座谈会上的重要讲话精神，推进中国特色新型高校智库建设，为党和政府科学决策提供高水平智力支持，制订本计划。

一 服务国家发展，明确建设目标

1. 明确高校智库的功能定位。高校智库应当发挥战略研究、政策建言、人才培养、舆论引导、公共外交的重要功能。一是发挥基础研究实力雄厚的优势，着重开展事关国家长远发展的基础理论研究，为科学决策提供坚实的理论支撑。二是发挥学科门类齐全的优势，围绕重大现实问题，开展多学科的综合研究，提出具有针对性和操作性的政策建议。三是发挥人才培养的优势，努力培养复合型智库人才，为中国特色新型智库建设提供有力的人才保障。四是发挥高校学术优势，针对社会热点问题，积极释疑解惑，引导社会舆论。五是发挥对外交流广泛的优势，积极开展人文交流，推动公共外交。

2. 建立形式多样、结构合理的高校智库组织形式。按照总体设计、点面结合、突出重点、分类实施的原则，创新体制机制，整合优质资源，打造高校智库品牌，带动高校社会服务能力的整体提升。一是以学者为核心，支持和培养一批具有重要影响的高端智库人才和咨政研究团队。二是以机构建设为重点，培育建设一批具有集成优势的新型智库机构。三是以项目为抓手，改革科研项目管理，提高应用研究项目质量。四是以成果转化平台为基础，拓展转化渠道，搭建高端发布平台。

二 聚焦国家急需，确定主攻方向

围绕完善和发展中国特色社会主义制度，推进国家治理体系和治理能力现代化的总目标，结合高校优势和特色，统筹规划高校各类科研机构、人才团队和项目设置，凝练智库建设的主攻方向，力求在以下关键领域、关键环节以及亟待解决的问题上取得重大突破。

1. 经济建设。围绕社会主义市场经济体制完善、经济发展方式转变等重大问题，重点推进经济结构调整与转型、创新驱动发展和国家创新体系建设、城乡一体化发展、财税体制改革、金融创新与安全、粮食与食品安全、区域经济协调发展等重点领域研究。

2. 政治建设。围绕社会主义民主政治建设、依法治国等重大问题，重点推进发展人民民主、行政体制改革、公共治理创新、社会主义法律体系完善、司法体制改革、民族与宗教问题等重点领域研究。

3. 文化建设。围绕提升国家软实力、深化文化体制改革等重大问题，重点推进社会主义核心价值体系建设、中华优秀传统文化传承创新、文化产业发展、中国文化"走出去"等重点领域研究。

4. 社会建设。围绕民生保障与改善、社会体制改革等重大问题，重点推进教育现代化、医药卫生体制改革、人口发展战略、收入分配改革、社会保障体系、创新社会治理体制等重点领域研究。

5. 生态文明建设。围绕国家经济社会可持续发展中的重大问题，重点推进国土开发、节能减排、发展低碳经济、应对全球气候变化、环境保护等重点领域研究。

6. 党的建设。围绕提高党的建设科学化水平、保持党的先进性和纯洁性等重大问题，重点推进党的思想建设、组织建设、作风建设、反腐倡廉建设、制度建设等重点领域研究。

7. 外交与国际问题。围绕维护国家主权与安全、促进世界和平发展等重大问题，重点推进构建新型大国关系、周边环境与周边外交、新兴国家崛起、海洋战略与海洋强国政策、反恐维和、全球治理、公共外交等重点领域研究。

8. "一国两制"实践与推进祖国统一。围绕"一国两制"的理论与实践、两岸关系和平发展中的重大问题，重点推进完善与基本法实施相关的制度和机制、深化内地与港澳经贸关系、推进两岸交流合作等重点领域研究。

三 整合优质资源，建设新型智库机构

1. 以 2011 协同创新中心和人文社会科学重点研究基地建设为

抓手，重点打造一批国家级智库。按照"国家急需、世界一流、制度先进、贡献重大"的总体要求，认定和建设一批国家"2011协同创新中心"。深化高校人文社会科学重点研究基地运行和管理体制改革，实行"有进有退、优胜劣汰"的动态管理和弹性经费制度，完善总体布局，推动重点研究基地从整体上向问题导向转型，提升社会服务能力。

2. 实施社科专题数据库和实验室建设计划，促进智库研究手段和方法创新。围绕内政外交重大问题，重点建设一批社会调查、统计分析、案例集成等专题数据库，和以模拟仿真和实验计算研究为手段的社会科学实验室，为高校智库提供有力的数据和方法支撑。

3. 以高校哲学社会科学"走出去"计划为依托，扩大高校智库国际学术话语权和影响力。完善结构布局，创新组织形式，重点建设一批全球和区域问题研究基地。推动高校智库与国外一流智库建立实质性合作关系，建立海外中国学术中心，支持高端智库参与和设立国际学术组织、举办创办高端国际学术会议。

4. 加强高等学校软科学研究基地建设。以综合性大学现有的高水平战略研究机构为基础，培育一批面向国家和国际重大科技战略问题的国家级智库。培育、鼓励行业特色院校组建行业、产业科技发展战略研究中心，形成全面覆盖的行业、产业发展战略与政策研究支撑网络。面向区域发展需要，在高校培育一批面向区域产业发展需要的特色政策咨询机构。

四 发挥人才关键作用，着力培养和打造高校智库队伍

1. 实施高端智库人才计划。遴选确定立场坚定、理论深厚、视野开阔、熟悉情况、掌握政策、联系实际的200多名高校专家，建立咨政研究核心人才库，给予长期稳定支持。构建密切联系机

制，引导和支持专家围绕全局、战略问题和重点、热点、难点问题，及时向党中央、国务院各部门提出政策建议，适时向公众发布研究观点，引导社会舆论。

2. 实施哲学社会科学教学科研骨干研修跟踪培养计划。对参加中央六部门举办的哲学社会科学教学科研骨干研修学员进行跟踪培养，组织参与实践考察、社会调研、挂职锻炼，在各类人才计划、团队建设、科研项目、出国访学等方面给予重点支持，培养一支智库建设的骨干队伍。

3. 推动智库人才交流。与有关部门密切配合，有计划地推荐高校智库核心专家到政府部门和国际组织挂职任职。聘请有较高理论素养的党政、企事业单位领导干部参与高校智库研究工作，形成政产学研用之间人才交叉流动的良好格局。

五　拓展成果应用渠道，打造高端发布平台

1. 建设中外高校智库交流平台。围绕国际国内重大热点问题，支持高校与国外高水平智库开展合作研究，举办高层智库论坛，打造高端引领、集中发布、影响广泛的高校智库成果发布品牌，发挥高校智库引导舆论、公共外交的重要作用。

2. 加大智库成果报送力度。进一步加强高校、科研机构、项目团队咨政建议的报送工作。建立咨政报告数据库，定期收集、整理、分析和反馈相关信息。拓展《教育部社会科学委员专家建议》报送渠道，加大报送力度，建立定向征集、集中报送的工作机制。

3. 加强成果发布管理。制定实施《关于加强和规范高校哲学社会科学成果发布管理的实施办法》，规范发布流程，切实把好政治关和质量关。

六　改革管理方式，创新组织形式

1. 大力推动协同。支持高校智库与实际工作部门联合组建研

究团队，主动加强与政府研究机构、社科院、科学院、工程院，以及民间智库等的合作，强化高校之间及高校内部的合作，着力构建强强联合、优势互补、深度融合、多学科交叉的协作机制。密切关注、全程跟踪党和政府重大决策，及时提供动态监测、效果评估和信息反馈。

2. 改进科研评价。牢固树立质量第一的评价导向，实施科学合理的分类评价标准，把解决国家重大需求的实际贡献作为核心标准，完善以贡献和质量为导向的绩效评估办法，建立以政府、企业、社会等用户为主的评价机制。协调推进组织管理、人才培养、资源配置等方面的综合改革，构建有利于智库创新发展的长效机制。

3. 改革项目管理。建立后期资助方式，对政府决策产生重大影响的科研成果给予后期奖励和持续支持。密切跟踪重大需求，与实际工作部门合作确定科研项目选题，完善课题立项和申报制度，提高项目设置的针对性实用性。

七　加强组织领导，提供有力保障

1. 健全管理体制。把加强智库建设作为推动高等教育改革发展和繁荣发展哲学社会科学的重点任务，研究制定《关于提高高等学校哲学社会科学社会服务能力的意见》等文件，做好统筹规划，明确任务分工，形成工作合力。

2. 完善政策配套支持。根据新型智库特点和发展需要，在研究生招生、经费投入、项目支持等方面给予重点倾斜，在组织管理、人员评聘、科研活动安排等方面赋予更大的自主权，建立健全政策指导到位、保障措施得力、有利于激发智库活力的管理机制。

3. 加强经费保障。加大经费投入力度，多措并举筹集智库建设经费。完善经费使用机制，加大人力资本投入，实行绩效奖励。

规范经费管理，加强绩效评估和审计，提高经费使用效益。

《关于加强中国特色新型智库建设的意见》

中共中央办公厅、国务院办公厅

2015年1月20日

为深入贯彻落实党的十八大和十八届三中、四中全会精神，加强中国特色新型智库建设，建立健全决策咨询制度，现提出如下意见。

一　重大意义

（一）中国特色新型智库是党和政府科学民主依法决策的重要支撑。决策咨询制度是我国社会主义民主政治建设的重要内容。我们党历来高度重视决策咨询工作。改革开放以来，我国智库建设事业快速发展，为党和政府决策提供了有力的智力支持。当前，全面建成小康社会进入决定性阶段，破解改革发展稳定难题和应对全球性问题的复杂性艰巨性前所未有，迫切需要健全中国特色决策支撑体系，大力加强智库建设，以科学咨询支撑科学决策，以科学决策引领科学发展。

（二）中国特色新型智库是国家治理体系和治理能力现代化的重要内容。纵观当今世界各国现代化发展历程，智库在国家治理中发挥着越来越重要的作用，日益成为国家治理体系中不可或缺的组成部分，是国家治理能力的重要体现。全面深化改革，完善和发展中国特色社会主义制度，推进国家治理体系和治理能力现代化，推动协商民主广泛多层制度化发展，建立更加成熟更加定型的制度体系，必须切实加强中国特色新型智库建设，充分发挥智库在治国理政中的重要作用。

（三）中国特色新型智库是国家软实力的重要组成部分。一个大国的发展进程，既是经济等硬实力提高的进程，也是思想文化等软实力提高的进程。智库是国家软实力的重要载体，越来越成为国际竞争力的重要因素，在对外交往中发挥着不可替代的作用。树立社会主义中国的良好形象，推动中华文化和当代中国价值观念走向世界，在国际舞台上发出中国声音，迫切需要发挥中国特色新型智库在公共外交和文化互鉴中的重要作用，不断增强我国的国际影响力和国际话语权。

智力资源是一个国家、一个民族最宝贵的资源。近年来，我国智库发展很快，在出思想、出成果、出人才方面取得很大成绩，为推动改革开放和社会主义现代化建设作出了重要贡献。同时，随着形势发展，智库建设跟不上、不适应的问题也越来越突出，主要表现在：智库的重要地位没有受到普遍重视，具有较大影响力和国际知名度的高质量智库缺乏，提供的高质量研究成果不够多，参与决策咨询缺乏制度性安排，智库建设缺乏整体规划，资源配置不够科学，组织形式和管理方式亟待创新，领军人物和杰出人才缺乏。解决这些问题，必须从党和国家事业发展全局的战略高度，把中国特色新型智库建设作为一项重大而紧迫的任务，采取有力措施，切实抓紧抓好。

二 指导思想、基本原则和总体目标

（四）指导思想。深入贯彻党的十八大和十八届三中、四中全会精神，高举中国特色社会主义伟大旗帜，坚持以马克思列宁主义、毛泽东思想、邓小平理论、"三个代表"重要思想、科学发展观为指导，深入贯彻习近平总书记系列重要讲话精神，以服务党和政府决策为宗旨，以政策研究咨询为主攻方向，以完善组织形式和管理方式为重点，以改革创新为动力，努力建设面向现代化、面向世界、面向未来的中国特色新型智库体系，更好地服务党和国家工作大局，为实现中华民族伟大复兴的中国梦提供智力支撑。

（五）基本原则

——坚持党的领导，把握正确导向。坚持党管智库，坚持中国特色社会主义方向，遵守国家宪法法律法规，始终以维护国家利益和人民利益为根本出发点，立足我国国情，充分体现中国特色、中国风格、中国气派。

——坚持围绕大局，服务中心工作。紧紧围绕党和政府决策急需的重大课题，围绕全面建成小康社会、全面深化改革、全面推进依法治国的重大任务，开展前瞻性、针对性、储备性政策研究，提出专业化、建设性、切实管用的政策建议，着力提高综合研判和战略谋划能力。

——坚持科学精神，鼓励大胆探索。坚持求真务实，理论联系实际，强化问题意识，积极建言献策，提倡不同学术观点、不同政策建议的切磋争鸣、平等讨论，创造有利于智库发挥作用、积极健康向上的良好环境。

——坚持改革创新，规范有序发展。按照公益服务导向和非营利机构属性的要求，积极推进不同类型、不同性质智库分类改革，科学界定各类智库的功能定位。加强顶层设计、统筹协调和分类指导，突出优势和特色，调整优化智库布局，促进各类智库有序发展。

（六）总体目标。到2020年，统筹推进党政部门、社科院、党校行政学院、高校、军队、科研院所和企业、社会智库协调发展，形成定位明晰、特色鲜明、规模适度、布局合理的中国特色新型智库体系，重点建设一批具有较大影响力和国际知名度的高端智库，造就一支坚持正确政治方向、德才兼备、富于创新精神的公共政策研究和决策咨询队伍，建立一套治理完善、充满活力、监管有力的智库管理体制和运行机制，充分发挥中国特色新型智库咨政建言、理论创新、舆论引导、社会服务、公共外交等重要功能。

中国特色新型智库是以战略问题和公共政策为主要研究对象、以服务党和政府科学民主依法决策为宗旨的非营利性研究咨询机构，应当具备以下基本标准：（1）遵守国家法律法规、相对稳定、运作规范的实体性研究机构；（2）特色鲜明、长期关注的决策咨询研究领域及其研究成果；（3）具有一定影响的专业代表性人物和专职研究人员；（4）有保障、可持续的资金来源；（5）多层次的学术交流平台和成果转化渠道；（6）功能完备的信息采集分析系统；（7）健全的治理结构及组织章程；（8）开展国际合作交流的良好条件等。

三 构建中国特色新型智库发展新格局

（七）促进社科院和党校行政学院智库创新发展。社科院和党校行政学院要深化科研体制改革，调整优化学科布局，加强资源统筹整合，重点围绕提高国家治理能力和经济社会发展中的重大现实问题开展国情调研和决策咨询研究。发挥中国社会科学院作为国家级综合性高端智库的优势，使其成为具有国际影响力的世界知名智库。支持中央党校、国家行政学院把建设中国特色新型智库纳入事业发展总体规划，推动教学培训、科学研究与决策咨询相互促进、协同发展，在决策咨询方面发挥更大作用。地方社科院、党校行政学院要着力为地方党委和政府决策服务，有条件的要为中央有关部门提供决策咨询服务。

（八）推动高校智库发展完善。发挥高校学科齐全、人才密集和对外交流广泛的优势，深入实施中国特色新型高校智库建设推进计划，推动高校智力服务能力整体提升。深化高校智库管理体制改革，创新组织形式，整合优质资源，着力打造一批党和政府信得过、用得上的新型智库，建设一批社会科学专题数据库和实验室、软科学研究基地。实施高校哲学社会科学走出去计划，重点建设一批全球和区域问题研究基地、海外中国学术研究中心。

（九）建设高水平科技创新智库和企业智库。科研院所要围绕建设创新型国家和实施创新驱动发展战略，研究国内外科技发展趋势，提出咨询建议，开展科学评估，进行预测预判，促进科技创新与经济社会发展深度融合。发挥中国科学院、中国工程院、中国科协等在推动科技创新方面的优势，在国家科技战略、规划、布局、政策等方面发挥支撑作用，使其成为创新引领、国家倚重、社会信任、国际知名的高端科技智库。支持国有及国有控股企业兴办产学研用紧密结合的新型智库，重点面向行业产业，围绕国有企业改革、产业结构调整、产业发展规划、产业技术方向、产业政策制定、重大工程项目等开展决策咨询研究。

（十）规范和引导社会智库健康发展。社会智库是中国特色新型智库的组成部分。坚持把社会责任放在首位，由民政部会同有关部门研究制定规范和引导社会力量兴办智库的若干意见，确保社会智库遵守国家宪法法律法规，沿着正确方向健康发展。进一步规范咨询服务市场，完善社会智库产品供给机制。探索社会智库参与决策咨询服务的有效途径，营造有利于社会智库发展的良好环境。

（十一）实施国家高端智库建设规划。加强智库建设整体规划和科学布局，统筹整合现有智库优质资源，重点建设50至100个国家急需、特色鲜明、制度创新、引领发展的专业化高端智库。支持中央党校、中国科学院、中国社会科学院、中国工程院、国务院发展研究中心、国家行政学院、中国科协、中央重点新闻媒体、部分高校和科研院所、军队系统重点教学科研单位及有条件的地方先行开展高端智库建设试点。

（十二）增强中央和国家机关所属政策研究机构决策服务能力。中央和国家机关所属政策研究机构要围绕中心任务和重点工作，定期发布决策需求信息，通过项目招标、政府采购、直接委托、课题合作等方式，引导相关智库开展政策研究、决策评估、政策解读等工作。中央政研室、中央财办、中央外办、国务院研究室、国务院发展研究中心等机构要加强与智库的沟通联系，高度重视、充分运用智库的研究成果。全国人大要加强智库建设，开展人民代表大会制度和中国特色社会主义法律体系理论研究。全国政协要推进智库建设，开展多党合作和政治协商制度、社会主义协商民主制度理论研究。人民团体要发挥密切联系群众的优势，拓展符合自身特点的决策咨询服务方式。

四 深化管理体制改革

（十三）深化组织管理体制改革。按照行政管理体制改革和事业单位分类改革的要求，遵循智库发展规律，推进不同类型智库管理体制改革。强化政府在智库发展规划、政策法规、统筹协调等方面的宏观指导责任，创新管理方式，形成既能把握正确方向、又有利于激发智库活力的管理体制。

（十四）深化研究体制改革。鼓励智库与实际部门开展合作研究，提高研究工作的针对性实效性。健全课题招标或委托制度，完善公开公平公正、科学规范透明的立项机制，建立长期跟踪研究、持续滚动资助的长效机制。重视决策理论和跨学科研究，推进研究方法、政策分析工具和技术手段创新，搭建互联互通的信息共享平台，为决策咨询提供学理支撑和方法论支持。

（十五）深化经费管理制度改革。建立健全规范高效、公开透明、监管有力的资金管理机制，探索建立和完善符合智库运行特点的经费管理制度，切实提高资金使用效益。科学合理编制和评估经费预算，规范直接费用支出管理，合规合理使用间接费用，发挥绩效支出的激励作用。加强资金监管和财务审计，加大对资金使用违规行为的查处力度，建立预算和经费信息公开公示制度，健全考核问责制度，不断完善监督机制。

（十六）深化成果评价和应用转化机制改革。完善以质量创新和实际贡献为导向的评价办法，构建用户评价、同行评价、社会评价相结合的指标体系。建立智库成果报告制度，拓宽成果应用转化渠道，提高转化效率。对党委和政府委托研究课题和涉及国家安全、科技机密、商业秘密的智库成果，未经允许不得公开发布。加强智库成果知识产权创造、运用和管理，加大知识产权保护力度。

（十七）深化国际交流合作机制改革。加强中国特色新型智库对外传播能力和话语体系建设，提升我国智库的国际竞争力和国际影响力。建立与国际知名智库交流合作机制，开展国际合作项目研究，积极参与国际智库平台对话。坚持引进来与走出去相结合，吸纳海外智库专家、汉学家等优秀人才，支持我国高端智库设立海外分支机构，推荐知名智库专家到有关国际组织任职。重视智库外语人才培养、智库成果翻译出版和开办外文网站等工作。简化智库外事活动管理、中外专家交流、举办或参加国际会议等方面的审批程序。坚持以我为主、为我所用，学习借鉴国外智库的先进经验。

五　健全制度保障体系

（十八）落实政府信息公开制度。按照政府信息公开条例的规定，依法主动向社会发布政府信息，增强信息发布的权威性和及时性。完善政府信息公开方式和程序，健全政府信息公开申请的受理和处置机制。拓展政府信息公开渠道和查阅场所，发挥政府网站以及政务微博、政务微信等新兴信息发布平台的作用，方便智库及时获取政府信息。健全政府信息公开保密审查制度，确保不泄露国家秘密。

（十九）完善重大决策意见征集制度。涉及公共利益和人民群众切身利益的决策事项，要通过举行听证会、座谈会、论证会等多种形式，广泛听取智库的意见和建议，增强决策透明度和公众参与度。鼓励人大代表、政协委员、政府参事、文史馆员与智库开展合作研究。探索建立决策部门对智库咨询意见的回应和反馈机制，促进政府决策与智库建议之间良性互动。

（二十）建立健全政策评估制度。除涉密及法律法规另有规定外，重大改革方案、重大政策措施、重大工程项目等决策事项出台前，要进行可行性论证和社会稳定、环境、经济等方面的风险评估，重视对不同智库评估报告的综合分析比较。加强对政策执行情况、实施效果和社会影响的评估，建立有关部门对智库评估意见的反馈、公开、运用等制度，健全决策纠错改正机制。探索政府内部评估与智库第三方评估相结合的政策评估模式，增强评估结果的客观性和科学性。

（二十一）建立政府购买决策咨询服务制度。探索建立政府主导、社会力量参与的决策咨询服务供给体系，稳步推进提供服务主体多元化和提供方式多样化，满足政府部门多层次、多方面的决策需求。研究制定政府向智库购买决策咨询服务的指导意见，明确购买方和服务方的责任和义务。凡属智库提供的咨询报告、政策方案、规划设计、调研数据等，均可纳入政府采购范围和政府购买服务指导性目录。建立按需购买、以事定费、公开择优、合同管理的购买机制，采用公开招标、邀请招标、竞争性谈判、单一来源等多种方式购买。

（二十二）健全舆论引导机制。着眼于壮大主流舆论、凝聚社会共识，发挥智库阐释党的理论、解读公共政策、研判社会舆情、引导社会热点、疏导公众情绪的积极作用。鼓励智库运用大众媒体等多种手段，传播主流思想价值，集聚社会正能量。坚持研究无禁区、宣传有纪律。

六　加强组织领导

（二十三）高度重视智库建设。各级党委和政府要充分认识中国特色新型智库的地位和作用，把智库建设作为推进科学执政、依法行政、增强政府公信力的重要内容，列入重要议事日程。建立健全党委统一领导、有关部门分工负责的工作体制，切实加强对智库建设工作的领导。

（二十四）不断完善智库管理。有关部门和业务主管单位要按照谁主管、谁负责和属地管理、归口管理的原则，切实负起管理责任，建章立制，立好规矩，制定具体明晰的标准规范和管理措施，确保智库所从事的各项活动符合党的路线方针政策，遵守国家法律法规。加强统筹协调，做好整体规划，优化资源配置，避免重复建设，防止一哄而上和无序发展。

（二十五）加大资金投入保障力度。各级政府要研究制定和落实支持智库发展的财政、金融政策，探索建立多元化、多渠道、多层次的投入体系，健全竞争性经费和稳定支持经费相协调的投入机制。根据不同类型智库的性质和特点，研究制定不同的支持办法。落实公益捐赠制度，鼓励企业、社会组织、个人捐赠资助智库建设。

（二十六）加强智库人才队伍建设。各级党委和政府要把人才队伍作为智库建设重点，实施中国特色新型智库高端人才培养规划。推动党政机关与智库之间人才有序流动，推荐智库专家到党政部门挂职任职。深化智库人才岗位聘用、职称评定等人事管理制度改革，完善以品德、能力和贡献为导向的人才评价机制和激励政策。探索有利于智库人才发挥作用的多种分配方式，建立健全与岗位职责、工作业绩、实际贡献紧密联系的薪酬制度。加强智库专家职业精神、职业道德建设，引导其自觉践行社会主义核心价值观，增强社会责任感和诚信意识，牢固树立国家安全意识、信息安全意识、保密纪律意识，积极主动为党和政府决策贡献聪明才智。

各地区各有关部门要结合实际，按照本意见精神制定具体办法。

《国家高端智库建设试点工作方案》

2015年首批国家高端智库建设试点单位名单（25家）

2015年1月中办、国办印发《关于加强中国特色新型智库建设的意见》，11月9日中央全面深化改革领导小组第十八次会议通过《国家高端智库建设试点工作方案》，中国智库建设的蓝图日渐明晰。12月1日，"国家高端智库建设试点工作会议"在北京举行，高端智库建设试点工作正式启动。

高端智库建设试点单位开始向着"国家急需、特色鲜明、制度创新、引领发展"的目标集中发力，致力于为中国智库建设引航开路、树立标杆，在事关中国经济改革、对外开放和现代化建设的重大目标方向和举措等方面，积极开展全局性、综合性、战略性、长期性和前瞻性问题研究，为实现中华民族伟大复兴的中国梦提供智力支撑。

目前，共有25家机构入选首批国家高端智库建设试点单位。首批国家高端智库建设试点单位分为四种类型。

第一类是党中央、国务院、中央军委直属的综合性研究机构，共10家：国务院发展研究中心、中国社会科学院、中国科学院、中国工程院、中央党校、国家行政学院、中央编译局、新华社、军事科学院、国防大学。

第二类是依托大学和科研机构，形成的专业性智库，共12家：中国社会科学院国家金融与发展实验室、中国社会科学院国家全球战略智库、中国现代关系研究院、国家发改委宏观经济研究院、商务部国际贸易经济合作研究院、北京大学国家发展研究院、清华大学国情研究院、中国人民大学国家发展与战略研究院、复旦大学中国研究院、武汉大学国际法研究所、中山大学粤港澳发展研究院、上海社会科学院。

第三类是依托大型国有企业，只有1家：中国石油经济技术研究院。

第四类是基础较好的社会智库，共2家：中国国际经济交流中心、综合开发研究院（中国·深圳）。

中国特色的高端智库除了基本功能之外，跟国外的智库相比，一个最突出的特点是它比较少的是独立于政府体系之外，绝大部分高端智库到目前为止跟政府各个部门之间，有着直接或间接的联系。从这个意义上讲，中国特色的智库，它服务于中国各种决策，渠道更加畅通也更加直接。

参考文献

崔树义、杨金卫：《新型智库建设理论与实践》，人民出版社 2015 年版。

费孝通：《江村经济》，商务印书馆 2001 年第 1 版。

冯绍雷：《智库：国外高校国际研究院比较研究》，上海人民出版社 2011 年版。

河南省高校哲学社会科学委员会：《高校智库》（三），郑州大学出版社 2015 年版。

胡鞍钢：《中国特色新型智库——胡鞍钢的观点》，北京大学出版社 2014 年版。

李刚等：《CTTI 智库报告（2017）》，南京大学出版社 2017 年版。

李刚等：《中国智库索引》，南京大学出版社 2018 年版。

梅新林：《中国大学智库发展报告》，中国社会科学出版社 2017 年版。

上海社会科学院智库研究中心：《2014 年中国智库报告》，上海社会科学出版社 2015 年版。

王辉耀、苗绿：《大国智库》，人民出版社 2014 年版。

王斯敏：《2015 中国智库年度发展报告》，社会科学文献出版社 2016 年版。

谢曙光、蔡继辉：《中国智库名录 2015》，社会科学文献出版社

2015年版。

程贞玫、高明:《论新型高校智库建设》,《中国石油大学学报》(社科版)2016年第3期。

顾岩峰:《我国高校智库建设路径探析》,《河北大学学报》(哲学社会科学版)2014年第6期。

关晓斌、伍聪:《大数据背景下的高校新型智库信息支持平台构建研究》,《高教探索》2017年第2期。

何颖:《加强高校新型智库建设,提升社会服务能力》,《学术交流》2015年第10期。

侯海燕等:《高校智库建设的资源状况及政府扶持政策——以大连市为例》,《智库理论与实践》2016年第1期。

胡鞍钢:《建设中国特色新型智库:实践与总结》,《上海行政学院学报》2014年第2期。

焦非:《发挥高校独特优势,大力推进智库建设》,《中国广播》2015年第8期。

李卫红:《高校在新型智库建设中的使命担当》,《人民日报》2014年2月16日。

刘德海:《新型智库体系的内涵特征与建构思路》,《智库理论与实践》2017年第2期。

刘国瑞、王少媛:《推进省级教育研究机构向教育智库转型的若干思考》,《现代教育管理》2014年第4期。

米亚:《关于新型高校智库体系建设的研究——以天津高校智库建设为例》,《中国轻工教育》2017年第3期。

秦惠民、解水民:《我国高校智库建设相关问题及对策研究》,《中国高校科技》2014年第4期。

沙巨山:《地方高校特色新型智库信息化建设》,《三明学院学报》

2016年第5期。

宋忠惠、郑军卫:《图书情报类期刊中的智库相关研究评价与分析》,《情报杂志》2016年第8期。

宋忠惠、郑军卫:《支撑智库研究的信息源建设策略》,《智库理论与实践》2016年第1期。

宋忠惠等:《基于典型智库实践的智库产品质量控制与影响因素研究》,《图书与情报》2017年第1期。

孙成豪:《新时代中国特色新型高校智库建设优化研究》,《济南大学学报》(社会科学版)2018年第6期。

汤红娟:《湖北高校智库发展现状分析》,《学校党建与思想教育》2016年第10期。

王厚全:《智库演化论——历史、功能与动力的三维诠释》,中共中央党校,2016年7月。

王俊英、张妤:《基于新型科技智库建设的工科高校图书馆功能拓展》,《图书情报工作》2015年第1期。

吴越、张瑞芳:《高校教育智库建设路径研究》,《内江师范学院学报》2016年第9期。

杨再峰、潘燕婷:《美国一流高校智库现状、特征及启示》,《贺州学院学报》2017年第2期。

杨再峰等:《新型高校教育智库助力高等教育综合改革研究》,《湖北社会科学》2016年第7期。

余莉:《中国特色新型智库发展策略研究》,安徽大学,2016年。

翟博:《中国特色新型教育智库建设要有新视野》,《教育研究》2015年第4期。

周洪宇:《创新体制机制,建设中国特色新型教育智库》,《教育研究》2015年第4期。

后　　记

"中国调查"项目,明确被要求采用田野调查方法进行研究,此方法一是强调研究者感同身受的能力,即同理心;二是拥有较强的洞察能力,在调查研究过程中仔细、认真观察研究对象。课题组经过两年多的实地调查、课题负责人与全国各地的智库专家进行深度交流、思考与研究,《中国特色新型高校智库发展现状调查》一书终于完成。中国高校智库要办出自己的特色,提高研究水平,不仅要提升智库竞争影响力,更要致力于整合高校智库信息资源、组建高校跨学科研究团队、构建高校智库联盟。在本课题的调查过程中,被调查的很多高校智库负责人都表示希望能够在课题调查结束后进一步的得到课题组关于高校智库发展整体情况的反馈意见和指导,也曾多次表达出对自己所在智库建设中出现的个案问题和整体发展不足的高度关注;甚至对本课题的研究视角和进展也给予了相当程度的关注与支持。

中国特色新型高校智库建设正处于发展蓬勃期,潜力巨大,新时代为中国高校智库带来了新的发展机遇和挑战,提出了新要求和新使命。建设中国特色新型高校智库,应具有全球视野,掌握国际话语权,敢于应对全球化时代的复杂问题与挑战,为构建人类命运共同体,提出中国方案,贡献中国智慧。因此,全面梳理中国高校智库相关信息,以利于今后开展国内外高校智库对比分析研究,打造中国特色新型高校智库，具有重要意义。

回顾本课题研究历程，首先需要感谢湖北省社会科学联合界的各位领导，确定"中国调查"项目的立项；感谢湖北省社科院秦尊文副院长；武汉市人民政府参事室吴远舟处长；中国人民大学重阳金融研究院执行院长王文教授；光明日报智库研究与发布中心王斯敏副主任；南京大学中国智库研究与评价中心副主任李刚教授；复旦大学发展研究院院长助理黄昊；南开大学经济与社会发展研究院副院长白雪洁教授；浙江师范大学非洲研究院院长刘鸿武教授和王珩书记；武汉大学丁俊萍教授、邓大松教授、李光教授、罗永宽教授、傅才武教授、单波教授、肖珺研究员、刘再起教授；华中科技大学国家治理研究院院长欧阳康教授；华中师范大学中国农村研究院院长邓大才教授和朱敏杰主任；湖北大学马勇教授和史金平教授；三峡大学社会与文化发展研究中心王祖龙主任和黄柏权教授；武汉科技大学马克思主义学院院长唐忠义教授等人，他们都为本课题调研工作的顺利开展和数据分析、挖掘提供了大力支持与帮助。

值此全书出版之际，谨向以上人员一并致谢！由于时间匆忙及视野、水平所限，书中不当之处敬请各位读者海涵！全书除三峡大学图书馆林直老师参与调查并撰写其中一个章节内容、江汉大学武汉研究院王鹏博士和江汉大学图书馆陈玥博士参与数据统计与分析工作、湖北大学图书馆孙晶副研究馆员参与调研工作、湖北省社科院硕士研究生李鸿儒同学参与整理录音资料工作之外，设计调查问卷、联系智库负责人、赶赴全国各地高校智库实地考察、访谈和撰写调查报告的工作均系课题负责人汤红娟研究员完成。